Federalismo: estudo cc

Tajammal Rashid Rana

Federalismo: estudo comparativo da Austrália e do Canadá

ScienciaScripts

Imprint

Any brand names and product names mentioned in this book are subject to trademark, brand or patent protection and are trademarks or registered trademarks of their respective holders. The use of brand names, product names, common names, trade names, product descriptions etc. even without a particular marking in this work is in no way to be construed to mean that such names may be regarded as unrestricted in respect of trademark and brand protection legislation and could thus be used by anyone.

Cover image: www.ingimage.com

This book is a translation from the original published under ISBN 978-3-659-79130-7.

Publisher:
Sciencia Scripts
is a trademark of
Dodo Books Indian Ocean Ltd. and OmniScriptum S.R.L publishing group

120 High Road, East Finchley, London, N2 9ED, United Kingdom
Str. Armeneasca 28/1, office 1, Chisinau MD-2012, Republic of Moldova, Europe

ISBN: 978-620-8-28027-7

Copyright © Tajammal Rashid Rana
Copyright © 2024 Dodo Books Indian Ocean Ltd. and OmniScriptum S.R.L publishing group

DEDICADO AO MEU MAIS QUERIDO E DOCE O ÚLTIMO PROFETA HAZARAT MUHAMMAD (P.B.U.H.)

ÍNDICE DE CONTEÚDOS:

CAPÍTULO 1   5

CAPÍTULO 2   13

CAPÍTULO 3   28

CAPÍTULO 4   64

CAPÍTULO 5   68

AGRADECIMENTOS

Todo o louvor e gratidão a ALLAH e inúmeros elogios ao último Profeta Hazrat Muhammad (que a paz esteja com ele), ALLAH é o mais gracioso, misericordioso e poderoso Senhor da humanidade e tudo se deve a Allah Todo-Poderoso que é o mais misericordioso e gracioso, que me deu coragem para concluir a minha tese, sem as suas bênçãos não me era possível concluir este trabalho.

Em primeiro lugar, tenho uma grande dívida de gratidão para com o meu respeitável Dr. Mughees Ahmed, Ch ainman, Political Science & International Relations Department, Government College University Faisalabad, que me disponibilizou o seu tempo e orientação durante o meu trabalho de investigação. O seu encorajamento e motivação foram para mim uma grande fonte de inspiração.

Gostaria de agradecer as contribuições do respeitável Sr. Ali Shan Shah, cuja supervisão me deu coragem e orientação para concluir o meu trabalho de investigação. Gostaria de agradecer ao Sr. Adnan Nawaz, ao Sr. Bilal bin Liaqat e à Sra. Sadia, dignos professores e membros do corpo docente, que me orientaram na tese e me deram sugestões valiosas.

Por último, a minha gratidão vai para a minha família, cujo inumerável encorajamento e preciosas orações permaneceram sempre comigo até à conclusão da minha tese. Os meus mais profundos agradecimentos aos meus queridos colegas de turma Rana Tasleem Ashraf , Muhammad Adnan, , pelo seu apoio contínuo durante o difícil e exigente processo desta investigação.

Rana Tajammal Rashid

RESUMO

O federalismo é um sistema político em que o poder e a responsabilidade do governo são divididos entre uma legislatura federal e uma unidade das legislaturas estaduais ou provinciais. Este sistema fornece a estrutura para os estados que têm um grande território e através do qual podem gerir facilmente os assuntos e a administração do estado. Muitos dos maiores países do mundo são federações, como os Estados Unidos, a Austrália, o Canadá, o Paquistão, a Índia, a África do Sul, a Argentina e todos os grandes países democráticos têm um sistema federal de governo. Este estudo explora as caraterísticas e a boa governação de dois países desenvolvidos, o Canadá e a Austrália. Este estudo é útil para os países em desenvolvimento como o Paquistão, que tem uma forma federal de estrutura para gerir os assuntos do Estado. No sistema federal do Paquistão há muitos problemas e conflitos com as províncias. Com um estudo comparativo do federalismo prevalecente nestes dois países desenvolvidos, ou seja, a Austrália e o Canadá, os decisores políticos e os actores políticos dos países em desenvolvimento compreenderiam as formas como um Estado deve ser gerido para gerir os assuntos do Estado e as questões relacionadas com o federalismo. Este estudo também ajudará os estudantes de política comparada a analisar os diferentes sistemas políticos dos países desenvolvidos do mundo.

CAPÍTULO 1
INTRODUÇÃO

O federalismo é a forma de governo que tem, pelo menos, dois tipos diferentes de governo enraizados de tal forma que são diferentes do poder central único no sistema de governo unitário onde a delegação de poder é confiada a numerosas autoridades regionais. O sistema de governo federal é geralmente estabelecido com a colaboração dos Estados existentes. No caso da Austrália e do Canadá, há uma série de poderes delegados no governo federal, como a defesa, os assuntos externos e a moeda. Os restantes poderes são confiados às autoridades regionais ou provinciais, para que as decisões possam ser tomadas a nível local e as unidades associadas dos Estados se sintam suficientemente poderosas para resolver os seus problemas sem a interferência do governo central. Por conseguinte, a base do federalismo refere-se a uma divisão do poder e da sua jurisdição entre dois níveis diferentes de governo.

O sistema federal de governo é um sistema em que a soberania é dividida entre a autoridade do governo central e as suas unidades dos círculos eleitorais políticos, enquanto o poder do governo também é dividido simultaneamente. A autoridade do governo central tem poderes exclusivos em determinadas matérias de carácter federal, enquanto as províncias e as unidades associadas têm determinados direitos. Por conseguinte, os poderes do governo são partilhados entre os dois níveis do governo em determinadas matérias simultâneas. É um sistema de governo em que o poder é dividido entre a autoridade central e as suas unidades políticas constituintes.

O federalismo também é definido como o estudo da política governamental e da diplomacia, juntamente com os princípios da autoridade governamental e o sistema da união federal e a defesa da união federal. O federalismo é uma forma de governo em que o poder é utilizado em parte pelo governo central e em parte pelo número de províncias ou estados regionais dos governos. A ideia de federalismo baseia-se nos seus principais atributos: a ideologia, a orientação política e a teoria política. Onde a orientação é caracterizada pelo pensamento de um grupo ou da nação.

O estudo do federalismo é estruturado no sentido mais lato e está repleto de dificuldades que se reflectem tanto na teoria como na prática. O termo federal tem uma ressonância tanto empírica como teórica. Argumenta-se que, embora exista uma teoria do federalismo, não há uma teoria completa do federalismo que possa completar o significado do federalismo. A melhor teoria atual e parcial, depois de conceitos rigorosos e da análise de terminologias precisas, é persuadida. Há razões que se prendem com o empirismo crasso e que estão na origem da incapacidade de desenvolver os conceitos e a definição dos termos-chave. E sem essas precauções básicas e fundamentais não é provavelmente possível entreter e definir a análise comparativa exacta e genuína que tem as implicações teóricas

Há outra razão pela qual o estudo do federalismo é tão problemático e se torna confuso para o estudioso: ele é multidimensional e multifacetado. Se virmos a sua natureza, veremos que é constitucional e que tem também uma natureza ideológica e social, com aspectos jurídicos e políticos. O filosófico e o económico têm também as suas dimensões. É diversificado na sua cultura. A sua abrangência estende-se a toda a gama de experiências humanas. Compreender o federalismo e a federação na sua globalidade, devido à sua multiplicidade de faces, é muito difícil de manipular com exatidão. Por isso, tem uma certa qualidade subtil. No campo da ciência política, está diretamente relacionado com o debate interminável sobre as políticas do poder público. A autoridade e a legitimidade são as suas questões centrais e as relações humanas e a sua organização para enfrentar a preservação e a promoção são as identidades básicas das suas diferentes esferas. O federalismo tem normas diferentes e seus atributos são a devolução do poder, o regionalismo e a descentralização de poderes. Tem a tendência de tangibilidade.

O federalismo tem feito com que as exigências e as necessidades dos povos e das políticas se repartam pelas suas unidades para fins comuns, mas permaneçam isoladas para preservar as integridades, o que equivale a querer o bolo e comê-lo também. Uma vez que se trata de um fenómeno humano natural, pelo menos metade do trabalho da política é orientado para acomodar este problema logicamente insolúvel. Nestas condições, o federalismo é muito útil para o fazer. Simultaneamente, as ideias federais e os seus arranjos emergem repetidamente ao longo da história humana como as principais variáveis para tentar acomodar tal condição.

O federalismo é um conceito de política em que os membros do grupo estão ligados uns aos outros por um pacto com a representação do chefe do governo. O federalismo é um termo utilizado para elaborar o seu veredito como um sistema de governo em que a soberania é dividida entre o governo central e as suas unidades políticas associadas de círculos eleitorais como os estados e as províncias. O federalismo é um sistema de governo que se baseia em regras democráticas, juntamente com as instituições relativas, em que o poder do governo é dividido entre o governo central e o governo provincial. Também pode ser chamado de federação. O termo federalista também tem muitas crenças políticas em todo o mundo. Também pode ser referido aos partidos políticos e os membros da federação podem ser descritos como federalistas. O federalismo é uma forma de governo que organiza a relação entre as suas unidades e o governo central. A unidade do Estado é identificada através dos sentimentos do cidadão sem afetar a antimonia. Observa-se neste sistema que. Os assuntos nacionais são controlados pela autoridade central, enquanto os assuntos e interesses a nível local são geridos pela autoridade local e provincial. De acordo com Dicey, o federalismo é "um artifício político destinado a conciliar a unidade nacional com a manutenção dos direitos do Estado". Todas as medidas são resolvidas através da constituição adotada. No que respeita à sua origem, a federação tem uma tendência centrípeta ou centrífuga. Os interesses económicos e os perigos combinados conduzem as unidades federadas para uma federação. As federações australiana e canadiana surgiram com caraterísticas comuns. Em segundo lugar, observa-se que as condições geográficas do país orientam tanto para a descentralização como para a federação.

O mecanismo que sincroniza a federação com as suas emoções internas de federação particular à sua autonomia sem interferir com os interesses das unidades do Estado, os assuntos relativos aos níveis nacionais são administrados pelo governo central, enquanto as questões dos níveis locais são tratadas com as autoridades nos assuntos provinciais. De acordo com o ponto de vista de Dicey, o dispositivo político tem por objetivo a reconciliação da unidade nacional para a manutenção do Estado. Todas estas disposições são adoptadas através da Constituição. No que diz respeito às origens do federalismo, este é o resultado das aspirações centrípetas e centrífugas. São os interesses comuns e as ameaças que fazem com que as unidades federativas se aproximem da federação. Este é o roteiro do federalismo na Austrália e no Canadá. Em segundo lugar, a enormidade geográfica das unidades federativas do país também favorece a descentralização e a federação. O federalismo evita os conflitos de ideias, iniciando o outro lado do espetro. Ele volta a nossa atenção para a forma como os serviços são prestados.

O federalismo é uma teoria dos princípios de repartição dos poderes da autoridade do governo pelas suas unidades membros e pelas instituições comuns. Além disso, existe um sistema de estado unitário em que a soberania e as ordens políticas federais não são centralizadas. Para satisfazer esta necessidade, na constituição de natureza federal, as unidades são dotadas de autoridade a cada nível e podem ter um governo autónomo nos assuntos relacionados com o nível local. Desta forma, o cidadão pode ter obrigações políticas e exercer os seus direitos junto destas duas autoridades. Assim, o poder entre o governo central e as províncias está dividido e varia em função de determinadas questões. O governo central tem o poder sobre as questões relacionadas com a defesa e a política externa. Mas as províncias também têm um papel importante nas questões internacionais. O poder de decisão sobre os órgãos de decisão federais também é participado pelas unidades membros. Por conseguinte, o interesse político no federalismo recente e as descobertas empíricas relativas aos requisitos e à base legítima para a sua estabilidade e a criação de confiança entre os cidadãos nas ordens da política federal suscitaram muita atenção filosófica. Este estudo contribuiu para abordar os desafios que se colocam ao federalismo, bem como os dilemas e as oportunidades com que se deparam os países onde prevalece a forma federal de estrutura governamental. Assim, ao ocupar e aplicar o verdadeiro espírito do federalismo, a solução pode ser acomodada às diferenças entre as populações divididas por credo, cultura e etnia.

Trata-se de um esforço de avaliação das potencialidades e dos limites das abordagens do federalismo para a obtenção de um federalismo centrado no cidadão e de uma avaliação crítica do federalismo centrado no cidadão. Para isso, a avaliação dos conceitos de federalismo foi cuidadosamente monitorizada. Para que se possa compreender o significado do serviço do federalismo e do citizen centered. A equação de Ralph Heinzman e de Brain Marson tem sido o início de que este tipo de conceitos é provavelmente mais complexo do que o utilizado, muitas vezes implícito, pelo entusiasta defensor do federalismo centralizado no cidadão associado aos seus serviços. O argumento central é uma das cautelas. O nosso principal argumento é que muitas das lutas da autoridade para incorporar melhor e mais eficazmente a prestação de serviços e a sua integração se baseiam na conceção instrumental do federalismo e da cidadania. Para a eficácia da prestação de toda a gama de serviços, quer se trate do sector governamental ou do sector privado, das necessidades dos cidadãos, ambas as ordens do governo necessitam de inculcar um conceito mais orgânico para que ambas as ordens do governo compreendam o que significa um cidadão de um país federal e o que significa viver num país federalista. O conceito de federalismo centrado no cidadão pode ser facilmente compreendido quando estudamos a intersecção entre o federalismo do cidadão e a prestação de serviços ao seu cliente. As raízes desta tendência podem ser procuradas quando se estuda a noção em sentido lato no início destes serviços centrados no cidadão, tal como já foi elaborado muitas vezes.

Todos nós temos uma experiência de frustração que vem com o facto de lidar com a organização, quer seja um sector governamental ou privado, onde as regras parecem servir os interesses de si próprios e não os nossos. Por vezes, este tipo de frustração é provocado pela versão complexa da organização ou da transição do sector governamental. Esta complexidade atinge o seu auge quando alguém tem de lidar com os assuntos das várias partes do mesmo regime e, para além disso, com os assuntos das diferentes ordens do governo, quer se trate do governo local, do governo central, do governo regional ou do governo provincial. Esta multidireccionalidade de lutas tem abordado a questão e o resultado tem sido visto em muitos rótulos. Tornou-se norma da Constituição canadiana que o serviço ao cidadão é excêntrico e pode ser visto em muitas referências no governo canadiano, que é a forma federal de governo, e também se observou que a ordem do governo em diferentes sectores precisa de coordenação a um certo nível. Por exemplo, o Dr. Lenihan e os seus colegas procuraram dar início à noção de federalismo que se baseia no cidadão. Esta é a abordagem do federalismo em que o foco principal dos serviços é o público, de acordo com as sugestões acima mencionadas. Isto conduz a melhores serviços e a um melhor federalismo.

Em 1963, o parlamento do Reino Unido aprovou a Lei do Governo de Londres, criando o Conselho da Grande Londres para estabelecer um novo nível de governo local para satisfazer as necessidades da vasta área de Londres. Em 1985, a primeira-ministra do Reino Unido da época, Margaret Thatcher, aboliu essa lei devido à erradicação do bastião da oposição persistente dos trabalhistas. Em 1980, o governo do Canadá introduziu o ambicioso novo Programa do Sistema Nacional de Energia, que fixava o preço do petróleo a nível interno para gerar mais receitas de petróleo e gás para si próprio. Esta decisão enfureceu o governo de Alberta, que é a província da região mais produtora de petróleo do Canadá. A retaliação da província de Alberta surgiu e o transporte do petróleo foi cortado para as regiões centrais do Canadá. O então Primeiro-Ministro do Canadá Trudeau não aboliu a decisão como Thatcher fez com a GLC. Estes dois casos estão separados no federalismo.

Nos estados federais prevalecem obviamente diferentes níveis de governo. As federações são compostas por governos nacionais e centrais e por governos provinciais, regionais e subnacionais e as províncias estão no Canadá, enquanto os EUA têm o sistema de estados, a Alemanha tem Lander, a Suíça tem cantões. Todas estas formas de governo são unitárias e não são estados federais. Então, o que é que as distingue dos sistemas políticos federais dos sistemas políticos unitários?

Esta divisão ocorre frequentemente quando dois ou mais níveis de governo são aprovados constitucionalmente; e estes dois níveis de governo estão separados um do outro ao abrigo da constituição nacional e por terem a autoridade autónoma ou semi-autónoma reconhecida na constituição. É geralmente consensual que as caraterísticas do sistema federal podem ter os seguintes atributos: deve ter dois níveis de governo. A partilha do poder entre o governo central e as províncias deve estar prevista na Constituição. A coleta e a divisão das receitas e as suas fontes devem estar pré-determinadas na sua jurisdição, quer central, quer das unidades dos seus estados-membros ou províncias. A constituição escrita não pode ser alterada unilateralmente. A divisão do poder deve ser definida na constituição. Deve haver uma razão para escolher o sistema federal para um estado ou província, mantendo a sua necessidade, credo, cultura, língua, posição económica e, mais importante, a sua posição geográfica excêntrica.

Os serviços prestados ao sector público requerem sempre mais atenção do que o simples serviço. A razão é que os clientes do governo não são apenas os clientes, em comparação com os clientes do sector privado, nem são apenas os consumidores dos serviços do governo, são os contribuintes do governo e são os cidadãos do país. Assim, os direitos públicos e os seus deveres estão enquadrados numa comunidade que se designa por comunidade civilizada e democrática e os interesses do público são mais importantes do que outras necessidades.

Os serviços aos cidadãos foram rapidamente adquiridos e tornaram-se o slogan de todos os tipos de governos no Canadá. Isto leva a que qualquer governo ofereça o melhor serviço ao cliente e adquiriu o estatuto de metáfora mais poderosa para mudar a forma como o governo do Canadá organizou e prestou os seus serviços aos seus cidadãos. No entanto, estas tendências foram também incorporadas nos governos regionais e nos governos provinciais e locais, como é o caso do New Brunswick. O resultado é a multiplicação das inovações concebidas para tornar a autoridade mais responsável perante aqueles que têm necessidade e querem aceder facilmente à administração pública. Quer se trate de uma pequena ou média empresa que necessite de assistência social ou de um cidadão idoso que queira saber que tipo de vida tem e como a gasta, que queira registar o nascimento de filhos ou que queira obter o número de identificação social ou a carta de condução ou que queira candidatar-se a uma pensão do Estado.

Danis de-Rougement diz que o federalismo é a atitude necessária e tem quatro conceitos básicos que são a eficiência, a diversificação, o comportamento responsável e a interdependência. Burgess e Gagon salientaram que o federalismo significa a acomodação da associação humana onde a unidade e a diversidade são iguais e bem mantidas. Por exemplo, Stevenson descreveu que o federalismo é o instrumento para proteger os interesses das minorias. LaForest comenta que o federalismo é a forma de participação e de amizade. Tully afirma que o federalismo contribui para exprimir as práticas democráticas que permitiram a autonomia na região. De acordo com os veredictos de Robinson e Simeon, o federalismo é suscetível de fazer coexistir as várias lealdades e identidades e está prestes a partilhar e dividir a autoridade.

Nas palavras de Covell, o federalismo organiza e lida com os conflitos, e é também deste ponto de vista que este tipo de conflitos é produzido devido ao fortalecimento da auto-identidade e ao crescimento da independência das identidades regionais. Por isso, analisamos que a constituição e os aspectos políticos do federalismo têm o princípio da diversidade. O federalismo serve como dispositivo para gerir a diversidade e os conflitos políticos de um país. Além disso, há que distinguir o federalismo num sentido mais lato. Nas palavras de Riker, é a resposta social à constituição. O federalismo reflecte as actividades socioeconómicas e sociopolíticas da sociedade e os movimentos socioculturais também se alargam com a existência do federalismo no país. O federalismo e a federação são os dois principais temas da constituição de um país federal. Estas duas unidades são a base da diversificação em qualquer género. Estas unidades asseguram a independência da autonomia e garantem e florescem a sua cultura e a sua manutenção. A multi-religiosidade, a multi-culturalidade e as multi-línguas são os parâmetros que foram focados na definição do federalismo. Da mesma forma, a abordagem mononacional não pode ser ignorada para a validação teórica e a importância de compreender o federalismo. Depois, há que ter em conta o desenho constitucional e institucional da federação e a ideia do federalismo como dispositivo por si só pode não se perder para gerir a diversificação do fenómeno. Isto pode dever-se à insuficiência das abordagens multidireccionais e multinacionais e a principal preocupação é centrar-se na justiça da diversificação sociológica das várias comunidades existentes na sociedade e da nação como um todo na federação. Este é o aspeto vital do federalismo e da federação. Além disso, esta teoria, por si só, não pode preencher plenamente a estabilidade e a justiça da federação. Assim, a abordagem mononacional é importante e valiosa devido à sua qualidade de contribuição pragmática para uma melhor compreensão do federalismo.

A divisão do poder ocorre geralmente entre os dois níveis de governo que são duplamente reconhecidos e estes níveis de governo são separados sob a constituição nacional, embora tenham a sua autonomia e os seus próprios poderes constitucionais. De um modo geral, as caraterísticas do governo no sistema federal são partilhadas pelos estados, como se segue: O sistema federal tem, no mínimo, dois tipos de governo. Os poderes utilizados por estes dois governos estão pré-definidos na Constituição. A coleta de receitas e as suas fontes, bem como a autonomia de gestão, foram abordadas. O processo para desempenhar tais funções foi estabelecido através da constituição. A constituição não pode ser alterada unilateralmente. Há razões para adotar o sistema federal para o Estado, uma vez que este satisfaz a necessidade de refletir as línguas regionais e as políticas económicas da sua jurisdição. A diversificação cultural da população, em particular no que diz respeito à posição geográfica em causa, também é abordada no sistema federal.

O federalismo também é adotado para a organização e a administração das relações entre a federação e suas unidades com o centro. É o dispositivo para a harmonização dos sentimentos de autonomia, sem interferir nos estados e na sua unidade. Os assuntos relacionados com as abordagens nacionais são tratados com o centro, enquanto os assuntos relativos aos níveis locais são geridos pela autoridade provincial. Para controlar e equilibrar o poder entre o centro e as províncias, a constituição é a autoridade final. A origem do federalismo é o resultado das tendências centrípetas e centrífugas. Os interesses económicos e os perigos comuns são as causas que levam as unidades federadas a formar uma federação.

É o roteiro para o federalismo do Canadá e da Austrália e, sobretudo, a enormidade geográfica de um Estado que levou o processo de federação à descentralização. Esta investigação engloba a instância do federalismo que acompanha o governo único da nação, designado por governo federal. Considerando que os poderes são utilizados para além da fronteira. Para além disso, estes poderes são também exercidos tendo em conta a enormidade regional e a jurisdição provincial juntamente com o governo estatal. Esta investigação examinará a forma como a jurisdição e os poderes são igualmente divididos por cada nível do governo. No federalismo, os poderes e as autoridades são distribuídos e descentralizados tendo em conta a jurisdição da região e foram formados muitos governos para utilizar esses poderes, ao passo que o governo central foi investido de muito pouco poder. Os poderes foram descentralizados entre os governos de múltiplos objetivos. As federações têm sido diferentes em significado devido ao espetro do fenómeno da centralização e da descentralização.

O tema da ciência política é a disciplina em que muitos conhecimentos se baseiam na investigação e tem o significado de tema das ciências sociais. A política comparada é o ramo da ciência política que está relacionado com a comparação dos diferentes sistemas políticos existentes no mundo. O tema dos estudos comparativos centra-se na identificação e na explicação da distinção entre o quadro social, jurídico e institucional do federalismo canadiano e australiano, e aborda os antecedentes históricos do federalismo do Canadá e da Austrália.

Este trabalho de investigação fornece uma análise comparativa do sistema político da Austrália e do Canadá. Ambos os países têm o federalismo no seu governo para que o objetivo da boa governação possa ser alcançado. Esta investigação também descobrirá de que forma podem ser capazes de gerir este sistema com sucesso e as principais decisões e políticas que foram empregues para gerir o federalismo. O estudo examinará igualmente a aplicação das políticas e a natureza da boa governação, o que teria um impacto positivo no sistema político dos países em desenvolvimento. Para que a base fundamental do federalismo possa ser alimentada por uma diversidade equilibrada e acomodatícia. Isto alargaria as fronteiras da política comparativa e das abordagens comportamentais. Também seria discutido que a análise comparativa do sistema político desenvolvido ajuda a melhorar a essência do federalismo nos países em desenvolvimento.

Esta investigação é efectuada com base em abordagens descritivas e analíticas. Durante a investigação, são utilizadas técnicas qualitativas e quantitativas. A recolha de dados assimilou fontes como revistas internacionais, livros, revistas, documentos e todos os outros recursos disponíveis relacionados com o plano de investigação proposto.

CAPÍTULO 2
REVISÃO DE LITERATURA

Foram escritos muitos livros sobre o federalismo do Canadá e da Austrália. No entanto, foram selecionados alguns livros e artigos relevantes para a revisão da literatura. Alguns livros importantes da literatura são analisados a seguir

"Federalismo: Canadian Democratic Audit Series" (2011), de Jennifer Smith O estudo descreveu o modelo de federalismo no Canadá, o sistema de governação e organização e a política partidária. O estudo também explorou a história do federalismo através das diferentes fases em que o Canadá se tornou um estado federal e a autora também apontou algumas áreas fracas do federalismo no Canadá. No seu estudo, Jennifer considerou que o federalismo faz atualmente parte do problema democrático e que deve ser abordado. A autora analisou o sistema federal, as suas origens e caraterísticas, bem como os parâmetros de referência do Canadá democrático. O estudo aborda a discussão sobre o federalismo de auditoria e a participação da auditoria democrática no Estado e na democracia canadianos. O estudo também abordou a mudança da auditoria democrática e as medidas adoptadas através da mudança social. O estudo dividiu as origens do federalismo canadiano em duas partes, as origens realistas e as origens idealistas, e apresentou pormenores completos sobre as caraterísticas destas duas partes. O estudo também destacou a complexidade democrática e o sistema federal, o Estado de direito e as suas implicações, os níveis de poder de decisão, os mecanismos de liderança e o quadro estrutural do federalismo canadiano. Este livro é útil na minha investigação para explorar as caraterísticas e os problemas de um Estado federal num processo democrático.

"O federalismo canadiano contemporâneo: Foundations, Traditions, Institutions " (2009), de Alain-G. Este estudo, publicado pela primeira vez em francês em 2006, foi traduzido em inglês para compreender o sistema canadiano no mundo em 2009. Este livro centrou-se no federalismo canadiano e nas relações interprovinciais, nos pais fundadores do federalismo nos Estados Unidos e no Canadá e nos assuntos fiscais no sistema da federação. O estudo destacou a distribuição do poder, a autonomia provincial, os direitos das monitorias e a economia do Canadá, com referência aos seus aspectos sociais. A primeira parte do livro destaca o federalismo nos Estados Unidos e no Canadá e os seus pais fundadores. A segunda parte do livro explora as reformas da Constituição canadiana, com referência às reformas do Quebeque em 1982 e às questões da distribuição do poder e da proteção dos direitos das províncias e das monitorias. A terceira parte do livro trata das relações do governo federal com os intergovernos e com as províncias do Canadá. Esta parte do livro também indica as políticas económicas do Canadá e os recursos económicos. A quarta parte do livro descreve os problemas de gestão e as dificuldades do sistema político do Canadá. A última parte do livro trata da discussão e dos resultados de todo o estudo sobre o

federalismo no Canadá e sugere medidas para melhorar o sistema através de reformas. Este estudo está profundamente ligado ao meu trabalho de investigação e ajudar-me-á a compreender o sistema federal canadiano e as suas caraterísticas.

"Federalism in Canada and Australia: The Early Years" (2010) de Bruce Hodgins, o livro é uma análise comparativa única sobre a política e o quadro histórico do Canadá e da Austrália e os autores discutiram as caraterísticas de ambas as sociedades irmãs da Austrália e do Canadá. O livro destacou os primeiros anos do federalismo do Canadá, de 1864 a 1880, e do federalismo australiano, de 1897 a 1914, para compreender o quadro histórico do federalismo. O estudo explorou os acontecimentos e os desenvolvimentos dos primeiros anos do federalismo canadiano e australiano e do processo de governo e descreveu o percurso das diferentes fases e áreas de crescimento do desenvolvimento da constituição e os esforços envidados por ambos os países para enfrentar os desafios e problemas com as suas instituições intergovernamentais e a distribuição do poder entre as suas unidades. O estudo também definiu a contribuição dos pais fundadores de ambos os Estados, Austrália e Canadá, para a criação de um Estado federal forte e a luta pela união das províncias com as federações. O estudo explorou o facto de os primeiros anos de ambos os países como federação não terem sido muito impressionantes e de se terem registado muitas questões e problemas no processo governamental e de se ter observado falta de autonomia provincial, o que causou perturbações nas funções e relações do Centro e das suas unidades. O estudo também apresentou uma análise comparativa do sistema de governo de ambos os países como Estados federais. Este livro ajudar-me-á a estudar os primeiros desenvolvimentos da federação do Canadá e da Austrália.

"O Futuro do Federalismo Australiano: Comparative and Interdisciplinary " (2012) de Gabrielle Appleby, Nicholas Aroney, Thomas John, Este volume foi o esforço combinado e único de eminentes académicos políticos, economistas e advogados. Examinaram o sistema político da Austrália quando as reformas eram a agenda política das relações federais dentro das unidades australianas. O estudo definiu a teoria, as caraterísticas e os princípios da federação australiana e apresentou uma visão comparativa, avaliando as suas funções e parâmetros. O estudo destacou o sistema judicial, especialmente a abordagem do Supremo Tribunal para explicar e interpretar a Constituição e a sua influência nas relações federais. O estudo elaborou uma visão crítica do sistema de justiça e das funções dos tribunais superiores que, na prática, causaram mal-entendidos nas relações entre o centro e as províncias. O estudo também definiu as várias reformas que foram organizadas para a resolução de acordos intergovernamentais e acordos feitos pela federação australiana para o crescimento socioeconómico com o mundo internacional, como a Common Wealth, o Canadá, a Alemanha, a Índia, a Suíça e a União Europeia. O estudo examinou que a federação australiana estudou e examinou o sistema de federação de outros países do mundo e

aprendeu a lição da perspetiva comparativa da América, Alemanha, Canadá, Índia, Suíça e do sistema da União Europeia. O estudo do sistema político destes países forneceu os prismas únicos para reformar o sistema australiano no sentido de reformas completas. O estudo examinou as reformas fiscais, a descentralização e as reformas macroeconómicas e o seu desempenho do federalismo australiano. O capítulo um trata da divisão de poderes e do equilíbrio federal, o capítulo dois trata das reformas estruturais na Austrália e na Alemanha e da sua perspetiva comparativa, o capítulo três trata da análise comparativa das sociedades multi-éticas e do regionalismo, o capítulo quatro trata do novo modelo de federalismo canadiano, tais como reformas, questões, práticas, o capítulo cinco e seis elaboram as reformas do federalismo australiano e o seu futuro e o sistema judicial da Austrália.

"*Easing Dissatisfaction with Canadian Federalism? A promessa de um federalismo desarticulado Instrumentalism*" (2008) de EricMontpetit O estudo definiu o federalismo canadiano com os seus problemas e obstáculos no quadro operacional da constituição. Segundo o autor, os jogos de poder e a estratégia do governo central para obter mais poderes são bem sucedidos, mas, por outro lado, a federação corre um risco elevado. O estudo insiste que, se o governo central ganhar tantos poderes, a federação tornar-se-á pouco clara e incerta. O estudo definiu que existem quatro salvaguardas do Estado federal que se processam como a estrutura, o sistema de justiça, a cultura social e o partidarismo. O documento definiu que os partidos políticos e o sistema partidário integravam a negociação de locais para os direitos e poderes da unidade. No Canadá, o sistema federal está a funcionar desde 1867 e, em comparação com a Alemanha e os Estados Unidos, as unidades federadas no

O Canadá não está a funcionar como um mecanismo institucional. O estudo definiu o Acordo de Meech Lake e as alterações constitucionais de 1982, que criaram condições complexas e as reformas de 1982 não responderam às questões e aos problemas relacionados com o federalismo da federação canadiana, pelo que estas reformas foram designadas como as piores. O estudo analisou as eleições de 1985 no Quebeque e a reunião intergovernamental, que apresentaram cinco condições devido aos confrontos entre o Quebeque e o Canadá inglês após o Acordo de Meech Lake de 1982, que nunca foi ratificado por dez unidades provinciais. O estudo também explorou o Acordo de Charlottetown, que foi a tentativa do Primeiro-Ministro Mulroney, após o fracasso do Acordo de Meech, de resolver os problemas do federalismo no Canadá. O pacto de Charlottetown foi mais social do que o acordo de Meech. O estudo ajudará a minha investigação a compreender o Acordo de Meech e Charlottetown e as suas caraterísticas na federação canadiana.

"*Federalism and Regionalism in Australia: New Approaches, New Institutions*" (2007), por A. J. Brown, J. A. Bellamy. O estudo definiu que o sistema de federação australiano, em termos de governação, está em mudança. Esta mudança deve-se ao mundo globalizado. O livro examinou as décadas de debate sobre diferentes possibilidades e reformas institucionais. O estudo salientou que foram observadas mudanças dramáticas na distribuição de poderes e na partilha de responsabilidades entre o centro e as autoridades locais. O estudo indica que, no federalismo australiano, as responsabilidades locais estão a aumentar de dia para dia. Trata-se de um sinal de boa governação a nível local na sociedade australiana.

O livro destacou a gestão das cidades, das regiões afectadas pelas alterações climáticas, dos recursos naturais através de regiões de todos os tipos, dos hospitais e das instalações de saúde em toda a Austrália; todos estes são temas que merecem a atenção dos decisores, dos responsáveis políticos e das comunidades, desde o topo até à base do nosso sistema de governo. O livro "Federalismo e Regionalismo na Austrália: New Approaches, New Institutions?" (Novas Abordagens, Novas Instituições?) levou a um consenso abrangente de que os quadros oficiais tradicionais estavam de facto a mudar, em resposta à procura de formas de governação mais adaptáveis, eficazes, legítimas e eficientes. Os capítulos deste livro lançaram as bases para uma discussão mais informada, aprofundando estas questões e, em vários casos, o estudo forneceu respostas mais fortes. Apesar de terem sido feitas várias sugestões, não há nenhuma receita institucional específica que resulte desta discussão sobre a forma como o federalismo deve ser reformado. Na verdade, um dos pontos fortes destes capítulos é que todos os colaboradores defendem, direta ou indiretamente, um novo debate que reconheça melhor as moralidades colectivas que as propostas de reforma devem abordar, a fim de estabelecer uma direção mais inteligível para a estrutura federal. Em conjunto, estes capítulos apresentam vários espécimes dos actuais "motores" da reforma, incluindo uma gama de novos métodos e necessidades na estratégia regional, num contexto de antigas e novas opções institucionais para o reforço da governação local e regional na federação australiana.

"*Theories of Federalism: A Reader*" escrito por Dimitrios Karmis, Wayne Discutiu que este estudante reúne as literaturas mais significativas sobre o federalismo desde o período XVII até ao presente. As ideias federalistas têm sido pouco abordadas na maioria dos exemplares e cursos universitários sobre o passado do sussurro político. Temos tendência a ler este passado, de Hobbes a Rawls, como se os perigosos académicos políticos estivessem finalmente perturbados com o Estado-nação unitário. No entanto, equivalente a este costume está outro preocupado com as melhores formas de múltiplos grupos políticos partilharem o mesmo espaço político em acções federativas. Muitos dos mais conhecidos pensadores políticos - incluindo Rousseau, Kant e J.S. Mill - têm-se acrescentado a ambas as civilizações, embora até agora as suas obras federalistas tenham sido menos conhecidas e mais difíceis de encontrar.

"Fiscal Federalism", de Wallace E. Oates, refere no seu livro que este volume republicado de um livro típico e verdadeiramente criativo, escrito por um dos mais importantes investigadores na área do federalismo económico, representou a primeira abordagem abrangente da teoria económica dos governos multiníveis. Separou as partes económicas particulares dos níveis específicos de governo, o projeto de diferentes procedimentos de política fiscal para os governos central, estadual (provincial) e local, e as ligações financeiras entre as fases de governo proporcionadas por subsídios diplomáticos. Esta edição reimpressa incluiu um novo prefácio que definiu brevemente as origens do livro e observações sobre a evolução da teoria e da formação do federalismo fiscal desde a sua revista original. O fator mais importante que fez com que o interesse pelo livro viesse de investigadores e estudantes de pós-graduação envolvidos em finanças públicas multinível e economia comunitária.

"Federalism and Territorial Cleavages" de Ugo M. Amoretti, Nancy Gina Bermeo, O estudo definiu o sistema político dos países desenvolvidos e a sua comparação com os Estados em desenvolvimento. Os tipos de sistemas políticos também foram explorados no volume e foram apontadas as caraterísticas do federalismo e o seu desempenho. O estudo aborda as reformas importantes dos países desenvolvidos, como o Canadá, a Austrália e os Estados Unidos. Este estudo será um instrumento para compreender o sistema político dos países em desenvolvimento e dos países desenvolvidos "Federalism in a Changing World: Aprender uns com os outros: Scientific Background" é escrito por Raoul Joseph Blinden bacher, Arnold Kotler, McGill- Queen's University Press, Montreal, Canadá. No seu trabalho de investigação, discutiram o federalismo num mundo em mudança e inclui os artigos científicos relacionados com as actas da Conferência Internacional sobre Federalismo 2002, realizada em St Gallon, na qual estiveram presentes todos os discursos, em agosto de 2002, na Suíça. Federalismo e relações exteriores foram os três temas fundamentais da conferência; federalismo, descentralização e gestão de encontros em sociedades multiculturais; e atribuição de responsabilidades e federalismo fiscal. O volume contém textos de mais de setenta autores de vinte países de todo o mundo. O estudo também definiu a mudança social e económica nas relações dos Estados soberanos do mundo devido ao rápido progresso da comunicação e da globalização. O estudo será útil para compreender os efeitos e as mudanças decorrentes das tendências recentes e da globalização. O estudo ajudar-me-á a compreender também os pontos de vista de vários académicos sobre a estrutura da federação na nova era do mundo global.

"A New Constitution for Australia " (2002) de Harris Este volume trata da introdução da Austrália como um Estado federal. O primeiro capítulo do livro salienta a necessidade de um debate constitucional e de reformas na Constituição australiana e apresenta sugestões de reformas. Este capítulo também questiona a necessidade de uma nova constituição, colocando a questão de saber se o povo australiano precisa de uma nova constituição. O segundo capítulo abordou a declaração de direitos da nação

australiana, nomeadamente os direitos básicos e os direitos humanos do povo, os direitos legais e o direito de voto e de participação na política. Discutiu igualmente o equilíbrio entre a declaração de direitos e o sistema federal dos países. O estudo explorou os deveres dos tribunais e alguns parâmetros para a concessão de direitos aos cidadãos. O estudo exprimiu a liberdade das pessoas através da declaração de direitos na Austrália. O terceiro capítulo centrou-se na cultura e no povo, nos seus valores tradicionais e na relação entre o povo e o governo no sistema político australiano. Esta parte do estudo também explorou o sistema judicial e os direitos legais das pessoas, referindo as decisões importantes dos tribunais australianos. Na última parte do livro, o estudo aborda os direitos humanos dos cidadãos dos Estados Unidos, do Canadá e da África do Sul e faz uma análise comparativa entre estes Estados e a Áustria. O estudo descreveu os diferentes aspectos da Carta de Direitos destes países e a sua aplicação no seu sistema político. No final do estudo, o autor resumiu a declaração de direitos da Austrália e recomendou algumas sugestões adequadas para o federalismo australiano, concluindo o estudo. Este estudo é muito importante para a minha investigação e é útil. Este livro também me ajuda a compreender a declaração de direitos das pessoas em países desenvolvidos como a Áustria, o Canadá, os Estados Unidos e a África do Sul, bem como os problemas e os esforços para os eliminar através de alterações constitucionais.

"Federalismo na Ásia" Baogang He, Brian Gilligan, Takashi Inoguchi. O presente volume é uma coletânea de treze artigos que resultaram de um workshop sobre federalismo e democratização organizado na Ásia. Mas, ao contrário de outras publicações que têm a sua origem em reuniões, este volume tem um tema forte que percorre as suas contribuições, quase todas brilhantes. As formações nacionais individuais são muito úteis, a maioria criando uma utilização original da história do país e das formas recentes de política para ilustrar o tema da pressão entre a centralização nacionalizante e as pressões para a descentralização provincial. Muitos destes capítulos apresentam conclusões originais sobre as formas como esta tensão pode ser compreendida. Este é um volume forte, muito bem criado, completado e indexado. Os seus capítulos estão bem escritos, utilizando notas úteis e listas de referências. A capacidade será de grande interesse para os especialistas nas nações em causa, e tem muito para oferecer a todos os que se interessam pelo federalismo e pela ligação entre regionalismo e democratização. Campbell Sharman, The Australian Periodical of Public Administration O Federalismo na Ásia constitui um recurso respeitado, tanto para os estudiosos da Ásia em comum como para os teóricos políticos do federalismo.

"Comparative Federalism: Theory and Practice" (2006) de Michael Burgess, O estudo explorou os novos desafios e exames da federação e do federalismo e apresentou o estudo de estados federais desenvolvidos em novas tendências e casos de estudos.

Este estudo debate a distinção clara entre os tipos de federalismo através do quadro teórico. O estudo também fornece pormenores sobre as diferentes origens, as suas formações, o processo de evolução e o sistema operacional dos estados federais e o papel dos partidos políticos e das autoridades dos governos. Esta parte do livro também explorou os interesses políticos dos partidos políticos e as medidas tomadas para reforçar esses interesses. O estudo destacou e analisou a base concetual do federalismo e da federação através da evolução. Explorou também a integração nacional e a construção do Estado através do sistema de federação, fazendo referência ao Estado federal americano e ao funcionamento das diferentes origens do sistema. A segunda parte do livro trata da análise comparativa das federações do mundo através do seu quadro operacional ou sistema de governação, estudando o sistema federal dos Estados Unidos, Austrália, Índia, Alemanha e Malásia. Esta parte do estudo também explorou o sistema político da Bélgica, da Suíça e da UE. O último capítulo definiu a avaliação da teoria federal, analisando os fracassos e as realizações e o impacto da globalização e explorou também a patologia das federações.

"Os editores e co-autores das oito edições de Comparative politics today dedicaram este livro à memória de Gabriel A. Almond, um grande nome no domínio da política comparada. Faleceu aos 91 anos de idade e, na altura, a sua edição não estava concluída, mas foi completada com a ajuda dos seus amigos. Este livro trata da introdução dos sistemas políticos, da comparação dos sistemas políticos, da cultura política e da socialização política. O sistema político é o principal conceito consolidador deste livro. Neste livro, os autores abordaram os doze sistemas comparados e discutiram também os países do primeiro, segundo e terceiro mundo. Este livro ajuda a compreender os sistemas políticos de diferentes países. O estudo definiu o sistema político dos países desenvolvidos e comparou-o com o dos países em desenvolvimento. Os tipos de sistemas políticos também foram explorados no volume e foram apontadas as caraterísticas do federalismo e o seu desempenho. O estudo aborda as reformas importantes dos países desenvolvidos, como o Canadá, a Austrália e os Estados Unidos. Este estudo será um instrumento para compreender o sistema político dos países em desenvolvimento, bem como dos países desenvolvidos.

"New Developments in Australian Politics" (1997), de Brian Gilligan. O estudo aborda os problemas e as questões, bem como a análise global da política contemporânea do federalismo australiano. O estudo salientou os problemas do federalismo na Austrália e sugeriu reformas no sistema político do país. O autor mediu os problemas dos últimos anos no contexto histórico *do* processo austríaco de reformas da constituição. Este livro contou com a contribuição de catorze académicos, incluindo especialistas do sistema político australiano. Discutiram também a política pública, as relações internacionais e o quadro institucional da federação da Austrália e analisaram as questões e os problemas recentes, sugerindo medidas para os resolver. O estudo é

um debate interessante sobre a evolução recente da política austríaca, o sistema de governo e a divisão de poderes entre o centro e as suas unidades. O último capítulo do estudo definiu as medidas futuras e o debate sanitário sobre as reformas para o bemestar do povo austríaco e o estudo também explorou a opinião pública e o seu impacto na estrutura do federalismo da Austrália. O estudo deste livro será útil para os meus estudos e algumas discussões no livro são relevantes para o meu estudo. Este estudo é um breve resumo dos problemas e questões recentes do federalismo austríaco.

"Routledge Handbook of Regionalism & Federalism" (2013) de John Loughlin Este estudo centrou-se no regionalismo e no federalismo com referência à análise da federação em todo o mundo. O estudo centrou-se na teoria do regionalismo e relacionou-a com o sistema de governo. O estudo concluiu que tanto o regionalismo como o federalismo são instrumentos importantes que desempenharam um papel vital no progresso do sistema político dentro do Estado e também com o mundo. A literatura deste estudo também explorou a história do federalismo com a referência do desenvolvimento económico e social e considerou a geografia como um instrumento importante para o federalismo. Este manual da Routledge explorou as teorias mais recentes sobre o regionalismo e o federalismo. O estudo abordou o quadro geral das tendências actuais e da governação nos países federais e o estudo de casos de alguns países-chave escolhidos no mundo. O estudo também discutiu os problemas e questões sociais, económicas e políticas enfrentados pelos principais países do mundo onde o sistema de governo funciona como estados federais. O último capítulo do manual explorou a federação falhada do mundo e as suas razões, dando o exemplo da Checoslováquia, da UE e da NAFTA. Este estudo conta com a contribuição dos principais académicos da ciência política, que apresentaram as suas análises comparativas sobre as questões do federalismo.

"Parliamentary Government in Australia" (2014) de The hand book é um breve conhecimento sobre a contribuição de Alan J. Ward sobre a história constitucional do sistema político, o quadro institucional da Áustria desde a época colonial até aos tempos mais recentes. O estudo explorou os vários desenvolvimentos no sistema político do Estado e o papel dos partidos políticos para ultrapassar o problema enfrentado pela federação austríaca. O estudo faz uma análise comparativa do governo parlamentar e das suas principais funções. O estudo aborda os direitos do primeiroministro austríaco, o gabinete e a estrutura governamental, as câmaras alta e baixa do sistema bicameral austríaco. O estudo definiu o papel das câmaras alta e baixa no sistema parlamentar e no sistema de federação. O estudo também avaliou o processo do parlamento, a influência do chefe de Estado e o crescimento da democracia parlamentar na Áustria. O estudo explorou as questões, os problemas e o processo de tomada de decisões, a legislação e o sistema de justiça no federalismo austríaco e sugeriu reformas no sistema político. O estudo limita-se aos antecedentes históricos e

ao quadro estrutural do sistema político e a minha investigação explorará as tendências recentes e os problemas enfrentados pela federação austríaca.

"New Diretions in Federalism Studies" (2010), editado por Jan Erk e Wilfried O estudo explorou que o federalismo tem praticado um renascimento notável nas últimas décadas como uma forma alternativa de acomodar diferenças tradicionais; como uma ferramenta para combater governos centrais remotos, inconstitucionais e improdutivos; e, por último, como um meio de promover o desempenho económico no mundo em desenvolvimento através da descentralização. Este livro descobriu medidas governamentais para aproximar os diferentes aspectos e perspectivas dos estudos sobre o federalismo, fornecendo uma estrutura analítica que transcende os subterfúgios e encorajou os colaboradores a olharem para o tópico para além das áreas de conforto das suas próprias metodologias disciplinares. Os autores exploraram diferentes passos para atingir este objetivo, construindo as contribuições em torno de quatro dimensões dos estudos sobre o federalismo: o progresso, o desenvolvimento, a conceção e a estratégia das instituições federais, o federalismo e a contribuição democrática, a demonstração e a responsabilidade. O federalismo e a acomodação das diferenças étnicas, tradicionais e filológicas de base territorial, o federalismo e as políticas públicas. O estudo explorou as informações com uma forte base comparativa. O livro "New Diretions in Federalism Studies" será de interesse para os estudantes de ciência política e para os intelectuais do federalismo, do governo, do regionalismo e da governação a vários níveis. O livro também fornece informações relevantes para a Política Comparada, Programas Públicos, Gestão Pública, Autonomia e Política da Europa Ocidental.

"REVISÃO DO LIVRO: Local Government and Metropolitan Regions in Federal Systems" (2009) editado por Nico Steytler, foi considerado o sexto volume de uma impressionante série impressa como A Global Dialogue on Federalism. O estudo foi impresso em nome do Forum of Federations (forumfed.org) e da International Association of Centersfor Federal Studies (iacfs.org). Este foi o primeiro volume da série a explorar o papel e a posição dos governos locais e regionais nas federações. O volume é composto por uma dúzia de estudos de caso, mais capítulos introdutórios e finais do editor. Este livro em particular inclui uma interessante combinação de estudos de caso, de países do norte e do sul do equador. O livro centrou-se no grupo de países da Commonwealth (Índia, Nigéria, África do Sul, Austrália, Canadá) e, por outro lado, num grupo de Estados europeus (Espanha, Suíça, Áustria, Alemanha), e também em estudos sobre o grupo de países da América do Norte e do Sul (Estados Unidos, México, Brasil). Esta seleção de livros abrangeu metade das estruturas políticas federais reconhecidas a nível mundial. Algumas são grandes em termos de população e/ou área; outras são muito mais pequenas em ambos os aspectos. O estudo também inclui alguns dos países mais ricos do mundo, medidos pelo PIB per capita; outros são

muito menos ricos. O estudo explorou que todos são extremamente desenvolvidos ou estão a urbanizar-se rapidamente. O volume contém as tendências e as informações necessárias para manter a atenção na estrutura da administração local autónoma. Steytler apresentou um resumo muito valioso das questões de governação e dos desafios que as estruturas locais enfrentam no seu capítulo de conclusão desta investigação. O resumo modificou habilmente os factos das instituições locais dos sistemas federais. Steytler, no seu estudo sobre a governação local nos estados federais, identificou três grandes metodologias para a luta por uma governação metropolitana respeitável: a criação e o desenvolvimento de grandes governos metropolitanos através da coordenação de estruturas locais. Serviços selecionados e acordos de cooperação entre distritos e conselhos regionais de governo. Na Austrália, a eliminação total dos governos locais em favor da localização da governação municipal nas mãos do Estado subnacional. O volume forneceu informações dignas de louvor aos estudantes de ciência política, aos académicos e aos investigadores relacionados com os estudos sobre governação local e análise de sistemas em países federais.

"Proporcionalidade e federalismo: Pode a Austrália aprender com a Comunidade Europeia, os EUA e o Canadá?" (2009) por Gabrielle O objetivo básico e central deste trabalho de investigação é apresentar as diferentes ideias e abordagens que podem ser utilizadas para os benefícios e valores federais na metodologia do processo constitucional australiano. O objetivo deste trabalho é introduzir a ideia de que a proporcionalidade pode ser incorporada na metodologia constitucional australiana como um padrão de revisão para proteger os benefícios e valores federais. O documento explorou a revisão padrão da forma de proporcionalidade e as suas formas necessárias de discussão e apresentou sugestões sobre o federalismo australiano. A investigação do presente documento foi efectuada da seguinte forma. Em primeiro lugar, as razões e a natureza de um uso mais alargado da proporcionalidade são brevemente delineadas. Depois, o uso atual da proporcionalidade na Austrália, particularmente o seu uso limitado na caraterização da legislação da Commonwealth. O estudo também analisou o mecanismo do sistema de justiça da Austrália e diferentes aspectos do seu enquadramento e levantou algumas questões sobre o enquadramento estrutural dos Tribunais Superiores Austríacos e o seu processo de justiça. Este trabalho analisou o sistema judicial da Austrália em comparação com o de outras federações de Estados desenvolvidos, como os Estados Unidos e o Canadá. Este trabalho de investigação será útil para compreender o sistema de justiça da Austrália e do Canadá, bem como da América.

"The Character of Australian Federalism" (2012) escrito por Alan Fena, O trabalho de investigação elaborado por Alan Fenna explorou o sistema político da Áustria e explorou as questões e dificuldades actuais do poder tributário e da geração e distribuição de receitas e das relações das suas unidades ou intergovernamentais no

contexto do federalismo austríaco. A federação deve dar a possibilidade de escolha e diversidade aos seus cidadãos, pois é essa a caraterística do federalismo sugerida pelo estudo. O estudo também sugeriu a personalização das políticas públicas de bem-estar, bem como a concorrência, a criatividade e a cooperação no sistema federal. O estudo explorou o facto de as tendências recentes na federação da Austrália mostrarem uma mudança do sistema federal competitivo para o cooperativo. O estudo observou que o governo partilhava a responsabilidade de desenvolver o sistema federal cada vez melhor para proporcionar benefícios aos seus cidadãos. O estudo apontou as três áreas em que são necessárias reformas para o bom desempenho do federalismo australiano, nomeadamente a reafectação das funções entre o Estado e a Commonwealth e as suas unidades, as reformas e o desequilíbrio das políticas fiscais. O estudo explicou as perspectivas futuras do federalismo austríaco e apresentou uma panorâmica comparativa das novas tendências para o progresso e o desenvolvimento da sociedade australiana. O estudo também investigou as tendências da globalização na Austrália e as forças motrizes das autoridades soberanas e a sua aplicação ao povo australiano em termos de mudanças no sistema político. Este livro será útil e apoiará a minha teoria de investigação. O estudo explorará os efeitos da globalização na sociedade australiana e as suas futuras influências no sistema federal da Austrália. "Easing Dissatisfaction with Canadian Federalism? The Promise of Disjointed (2008), escrito por Eric Montpetit, Canadian Political Science Review, University of North British Columbia, Canadá. "Federalism,

"Nationalism and Regionalism in Canada" (2006) escrito por Richard Simeon. O trabalho de investigação definiu a introdução do sistema político do Canadá como um Estado federal e as clivagens políticas. O estudo definiu os desafios actuais e as relações intergovernamentais. O documento também explorou o desequilíbrio das políticas fiscais no Canadá. O estudo definiu que o Canadá e a Espanha enfrentam os mesmos desafios de conciliação dos interesses e normas potencialmente exclusivos de sociedades linguísticas diferentes e de entidades regionais diversas. O estudo definiu que o federalismo é a chave de ouro para conciliar a unidade com a diversidade. O estudo explorou o facto de o federalismo canadiano ter sido estabelecido em 1867 e de as questões controversas terem sido marcadas especialmente em 1960. O documento analisou que foi em 1960 que os nacionalistas criaram um movimento poderoso no Quebeque, exigindo a igualdade e a distribuição de poderes pelas diferentes regiões. O estudo também refere a exigência de eliminar o desequilíbrio fiscal entre as províncias e o governo central. O documento examina o desequilíbrio económico "horizontal" que se refere às grandes desigualdades económicas entre as províncias canadianas. A solução canadiana para este problema tem sido a "equalização". O princípio é claro e fundamental para a ideia do Canadá como uma "comunidade de partilha". O estudo também explorou o problema da língua monográfica no Canadá: a comunidade

francófona no Canadá representa cerca de 20% da população total e desempenha um papel importante no sistema político do Canadá. O estudo também explorou as enormes diferenças entre o Canadá e a Espanha no que se refere à cultura, às instituições e à federação.

"*Australia's Federal Future: Delivering Growth and Prosperity*" (2007), escrito por Anne Twomey e Glenn Withers. O relatório refere que o federalismo austríaco está a ser atacado, uma vez que a Commonwealth tem vindo a utilizar os seus poderes económicos e a aumentar as suas responsabilidades legislativas. O estudo refere também que o centralismo parece muito mais forte e está na ordem do dia. O estudo deu aos leitores um conceito e uma abordagem mais amplos das possibilidades futuras do sistema político da Austrália e assinalou as mudanças radicais na atmosfera atual. O estudo definiu a condição política dos países na sua maioria, que a tendência e a abordagem da descentralização estão a aumentar de dia para dia e considerou o sistema de federalismo bom para as relações intergovernamentais e as tendências da globalização. O relatório explorou a federação australiana e os seus problemas e desempenhos conexos e definiu os controlos e equilíbrios que devem ser importantes no sistema político. A federação deve dar a possibilidade de escolha e diversidade ao seu povo, pois é essa a caraterística do federalismo sugerida pelo estudo. O estudo também sugeriu a personalização das políticas públicas de bem-estar, bem como a concorrência, a criatividade e a cooperação no sistema federal. O estudo explorou o facto de as tendências recentes na federação da Austrália mostrarem uma mudança do sistema federal competitivo para o cooperativo. O estudo observou que o governo partilhava a responsabilidade de desenvolver o sistema federal cada vez melhor para proporcionar benefícios aos seus cidadãos. O estudo apontou as três áreas em que são necessárias reformas para o bom desempenho do federalismo australiano, tais como a reafectação dos papéis entre o Estado e a Commonwealth e as suas unidades, as reformas e o desequilíbrio das políticas fiscais. O estudo explicou as perspectivas futuras do federalismo austríaco e apresentou uma panorâmica comparativa das novas tendências para o progresso e o desenvolvimento da sociedade australiana. O estudo também investigou as tendências da globalização na Austrália e as forças motrizes das autoridades soberanas e a sua aplicação ao povo australiano em termos de mudanças no sistema político. Este livro será útil e apoiará a minha teoria de investigação. O estudo explorará os efeitos adicionais da globalização na sociedade australiana e as suas influências futuras no sistema federal da Austrália.

"*Easing Dissatisfaction with Canadian Federalism? The Promise of Disjointed*" *(2008)*, escrito por Eric Montpetit. O artigo definiu as ameaças da federação canadiana, referindo as suas caraterísticas e caraterísticas que criaram lacunas no sistema operacional. O estudo definiu que a liderança política e os partidos políticos do Canadá não realizaram as reformas importantes que são necessárias no sistema. O estudo elogiou os planos e as acções bem sucedidos adoptados pelo Primeiro-Ministro Harper para eliminar a insatisfação que sentiu no Quebeque e no Canadá Ocidental. O estudo também destacou a eleição do Partido Conservador em Ottawa, organizada em 2006, e os seus efeitos positivos e negativos no sistema político do Canadá. O documento também explorou o "federalismo aberto" introduzido pelo Primeiro-Ministro Harper e a insatisfação com a federação falhada pelo partido. O documento de investigação refere ainda que, apesar dos esforços de Harper para alterar a visão comum do federalismo no Canadá, este permaneceu infrutífero. O estudo definiu que as causas do fracasso se devem ao facto de os quebequenses e os ocidentais não terem adotado a visão comum. Este trabalho de investigação explorou as reformas, os planos e as acções adoptadas pelas autoridades soberanas do Canadá para eliminar as questões do federalismo no Canadá. Este estudo é útil para os académicos e estudantes de ciência política interessados em conhecer os problemas e as questões do federalismo nos países desenvolvidos e o plano de ação para eliminar as questões através de conversações, reformas e alterações constitucionais. Este estudo ajudar-me-á a compreender as reformas efectuadas pelo Primeiro-Ministro Harper e a eleição do Partido Conservador, organizada em 2006.

"Federalismo e Mudança Política": Germany and Canada in Historical-Institutional list Perspective (2007) por Jorg Broschek O artigo aborda as questões relacionadas com as diferentes vias que foram escolhidas para dar o conceito de teoria da lista de instruções sobre o sistema político. O estudo elaborou as diferentes mudanças políticas e debateu o quadro operacional dessas mudanças. O estudo definiu as mudanças no federalismo e a análise das suas diferentes formas. As primeiras partes do artigo (I e II) foram dedicadas ao desenvolvimento de um quadro para a investigação do federalismo e da mudança política aprendido com o institucionalismo histórico. O estudo deste trabalho de investigação sugeriu que a quantidade de inflexibilidade institucional depende em grande medida do facto de as federações se assemelharem a elementos do modelo administrativo ou do modelo intra-estatal de federalismo. Cada modelo dotou as instituições federais de capacidades mutáveis para traduzir os atritos em mudanças políticas. A Parte III estabeleceu que os arranjos organizacionais desenvolvidos em ambas as federações surgiram de uma forma altamente dependente do caminho. A Parte IV destacou os métodos em que a dependência fica aquém da dinâmica processual do federalismo no Canadá. Tendo como pano de fundo a experiência alemã, é analisado o modo como o federalismo regional no Canadá promoveu a multi-determinação e a possibilidade, revelando assim disposições repetidas em que os primeiros acontecimentos e resultados são frequentemente contrariados em vez de melhorados. Por conseguinte, o estudo debruçou-se sobre três exemplos mais importantes numa perspetiva comparativa do sistema político, a fim de mostrar como as fricções estão relacionadas com a mudança: a introdução do seguro de doença nos anos 60, a viragem de Otava para a limitação fiscal em 1995 e, na Alemanha, a luta pelas reformas do seguro de doença e do federalismo em meados dos anos 90.

O estudo *"Canadian Foreign Policy in an Era of New Constitutionalism"* (2013), da autoria de Dan Bousfield, constitui um quadro histórico de avaliação do papel do

Canadá no mecanismo global do mundo atual e do desenvolvimento das novas tendências. O estudo suscitou o debate sobre a economia política e a política externa do Canadá. O volume explorou a posição do Canadá na economia do mundo internacional, tendo como referência as suas políticas política e fiscal. O estudo também examinou as assistências geoestratégicas e os benefícios do país no mecanismo disciplinar dos outros Estados do mundo. O estudo explorou o facto de o Canadá ter desenvolvido uma posição de principal guardião da nova ordem constitucional do capitalismo global e observou que essa posição parecia tradicionalmente cooperativa e reflectia as visões da política externa canadiana. O estudo refere que o Estado canadiano se tornou um defensor ativo a nível mundial das reformas económicas neoliberais e que o Canadá minou o papel de intermediário nos seus próprios mercados.

"O Paradoxo do Federalismo: Some Practical Reflections" (2009) de David Cameron O sistema do federalismo cooperativo começa a emergir na era de 1920 a 1930 devido ao envolvimento de factores de natureza externa e interna. Estes foram os fundamentos do federalismo cooperativo. Existia uma concorrência entre os organismos intergovernamentais do mercado de crédito. Por este motivo, foi criado o Conselho Australiano de Empréstimos para tratar dos assuntos relacionados com a concorrência intergovernamental. O segundo ponto de viragem do federalismo surgiu durante a Segunda Guerra Mundial, quando a Austrália se viu ameaçada por falta de recursos financeiros e o governo da Commonwealth iniciou a sua mobilização, tendo sido decidido na legislação que tanto os estados como a Commonwealth cobrariam impostos, o que foi permitido no quadro fiscal da Constituição. A Commonwealth monopolizou o seu poder sobre a questão do imposto sobre o rendimento e introduziu-o através dos órgãos legislativos em 1942...

"Four Pathways to Aboriginal Self-Government in Canada" (2009), escrito por Frances Abele. Este volume apresenta a política multifacetada do sistema federal do Canadá nas últimas décadas. O estudo definiu as futuras relações dos povos do Canadá e a estrutura operacional do sistema político. O estudo examinou as diferentes disposições e decisões relacionadas com o governo autónomo local do Canadá e as expectativas dos cidadãos através do sistema local. O estudo introduziu as várias reformas e empresas adoptadas pela federação. governo aborígene: "Os mini-municípios foram abordados no estudo sobre as sociedades políticas canadianas. O estudo explorou a repartição de competências entre as suas unidades e as autarquias locais e analisou igualmente as funções atribuídas pelo governo federal ao governo autónomo local. O estudo constata que a federação canadiana apresenta caraterísticas notáveis e que não existe um modelo ou uma via única. O estudo desenvolveu uma sugestão para as relações intra-governamentais e lançou luz sobre o sistema local do Canadá, dando algumas sugestões possíveis para um melhor desempenho dos organismos locais dentro das suas limitações. Este estudo será de grande ajuda para a minha investigação e permitir-me-á compreender como funciona a administração local autónoma do Canadá e quais são os problemas que

tornaram o seu progresso e desempenho mais lentos.

A revisão da literatura forneceu-nos conhecimentos e informações de investigação sobre os acontecimentos passados, as decisões e as políticas da história da gestão de conflitos do sistema político do Canadá e da Austrália, que se relacionam com o federalismo e as suas unidades. Esta literatura também será útil para o meu tema de investigação.

http:// australiaonnet. com

CAPÍTULO 3
MATERIAIS E MÉTODOS
3.1 FEDERALISMO NA AUSTRÁLIA
3.1.1 A perspetiva histórica

Em janeiro de 1901, as colónias da Austrália, em seis números, constituíram uma federação de riqueza comum da Austrália. A partir desse dia, a Austrália, sob a constituição de países da Commonwealth, a federação contém estes seis estados originais. A Austrália é um dos países da federação mais antigos do mundo e mantém-se inalterada desde a sua criação. A posição de domínio assumida pelo governo da Commonwealth para esse grau de mudanças é o aspeto mais significativo.

Em outubro de 1889, as colónias da Austrália realizaram as convenções para as reformas constitucionais até 1890 e estas convenções foram realizadas em série. O resultado foi um projeto constitucional que foi apresentado a cada uma das colónias para aprovação. Na ronda final, estas alterações obtiveram um elevado limiar de apoio por parte dos eleitores e acabaram por ser aprovadas. Mais tarde, foi aprovado pelo Parlamento britânico e adquiriu o estatuto de lei constitucional de 1900 da Commonwealth da Austrália. Apesar de o federalismo ter prosseguido de forma desordenada, não existia uma urgência e um complemento para a formação de tal constituição. Talvez os estados constituintes tenham ganho vantagens com a redução das barreiras alfandegárias ao comércio e transporte interestadual. (McMinn, 2012)

Esta foi uma óptima estratégia para conseguir um maior investimento com o capital de taxas baixas. Nada disso parece ser a força motriz para tais alterações na constituição. Esse tipo de carência também se mostra no desejo de união minimamente centralizada da criação. (Aroney, 2009)

3.1.2 Federalismo cooperativo

O sistema do federalismo cooperativo começou a emergir na era de 1920 a 1930 devido ao envolvimento de factores de natureza externa e interna. Estes foram os fundamentos do federalismo cooperativo. Existia uma concorrência entre os organismos intergovernamentais do mercado de crédito. Por este motivo, foi criado o Conselho Australiano de Empréstimos para tratar dos assuntos relacionados com a concorrência intergovernamental. O segundo ponto de viragem do federalismo surgiu durante a Segunda Guerra Mundial, quando a Austrália se viu ameaçada por falta de recursos financeiros e o governo da Commonwealth iniciou a sua mobilização, tendo sido decidido na legislação que tanto os estados como a Commonwealth cobrariam impostos, o que foi permitido no quadro fiscal da Constituição. Este monopólio constituiu o desequilíbrio vertical do federalismo australiano, na medida em que as subvenções financeiras eram concedidas aos estados, nos termos da secção 96 dos poderes de subvenção, com a condição de que o estado não cobrasse o imposto ao seu próprio nível. Esta validação foi concedida duas vezes à Commonwealth pelos tribunais superiores, o que fez com que a Commonwealth se tornasse o principal dispositivo com domínio financeiro, o que é designado por desequilíbrio fiscal vertical na história do federalismo australiano. (Fenna, 2007)

Agora, a Commonwealth podia interferir nos assuntos relacionados com os domínios tradicionais dos estados e a sua responsabilidade, com o objetivo específico de conceder subsídios e empréstimos para a educação, a saúde e os transportes aos estados. Estes subsídios e empréstimos foram amplamente utilizados pelo governo trabalhista entre 1972 e 1975, o que proporcionou ao Partido Trabalhista da Austrália a solução para ultrapassar a frustração de longa data e os obstáculos associados ao federalismo. (Galligan B. , Politics of the High Court: a study of the judicial branch of government in Australia, 1987)

Apesar da legislação central e dos poderes regulamentares em matéria financeira, houve muitos casos de falta de poderes abrangentes do parlamento federal para o interesse da integridade nacional, o que levou o governo central e os estados a cooperar para criar regimes regulamentares para resolver o problema, especialmente nos domínios da comercialização dos produtos agrícolas no mercado internacional e da formação da política de concorrência. Para atingir este objetivo, o governo australiano criou, em 1933, uma agência estatutária, a Commonwealth Grants Commission, que é responsável por determinar o procedimento e o processo de entrega das transferências aos estados e territórios associados. Desde 2000, as receitas totais das subvenções GST são distribuídas pela comissão de subvenções. Em 2012, foi efectuada uma revisão destas disposições, que foi considerada insuficiente para satisfazer as necessidades dos Estados. (FitzGerald R. G., 2002)

3.1.3 Reformas no federalismo australiano

A dependência da commonwealth para transferir os interesses financeiros para os estados foi sobreposta e continha um nível mais elevado de grau para os seus efeitos. Este facto resultou em conflitos e confusão entre a Commonwealth e os Estados, o que deu origem a críticas e à necessidade de reformas na federação. (Neste caso, o governo do Partido Trabalhista introduziu as reformas em série em 2009 para diminuir a microgestão dos efeitos dos pagamentos para fins específicos. (G. Appleby, 2012).

Recentemente, o governo de Abbot encomendou o livro branco para a reconciliação e reconsideração da constituição e propôs as alterações. (Governo A., Reforma da Federação, 2013)

3.1.4 As vantagens do federalismo australiano

O federalismo é uma forma de governo única no mundo e, devido à sua singularidade, os elementos contidos nessa forma de governo não são encontrados no governo do sistema unitário. O sistema de federalismo é bem e facilmente gerenciável para esses países que têm uma ampla área de sua jurisdição com a diversificação de sua condição geográfica, de modo que a representação regional pode ser entretida sob o nível local do governo. Os cidadãos estão autorizados a escolher o seu governo local, regional, provincial, estatal e central, de modo a que o poder não fique totalmente concentrado numa única entidade. Foi um elemento significativo que influenciou a decisão da Austrália Ocidental de se tornar parte da Commonwealth para que a representação regional pudesse ser garantida ao seu povo.(Geoff Gallop,2011)

Para além disso, o conceito de federalismo está subjacente à escalada dos múltiplos governos, de modo a que as decisões possam ser tomadas tendo em conta a menor autonomia centralizada. Para melhorar a comunidade regional e manter as suas preferências, o sistema de governo do tipo federalismo é preferível à forma unitária de governo. O sistema federal permite a probabilidade de conclusão entre os estados horizontalmente. Assim, a comparação pode ser contabilizada para conhecer a eficácia das reformas da política e pode ser encorajada, uma vez que os estados estão sempre em competição uns com os outros no que respeita à sustentabilidade da população e ao seu investimento. (Peter Beattie, 2002)

A jurisdição de várias regiões da federação permite a comparação dos resultados das reformas introduzidas nos Estados e pode ser utilizada como um instrumento útil de referência. Esta concorrência foi fomentada pela criação de um certo número de políticas que foram subsequentemente aprovadas e manipuladas pelos outros Estados e territórios da Austrália, como é o caso das leis anti-discriminação e das campanhas de segurança rodoviária, bem como das leis relativas ao desenvolvimento das políticas de migração regional e de todas as outras reformas deste tipo, que foram restringidas pelo subnível do governo nacional. Este tipo de benefícios não está disponível com a forma unitária de governo, porque não existe este tipo de pressão sobre o governo central para a formação das políticas para as suas regiões, como acontece com os estados da federação. Os estados não são os beneficiários porque as competências são atribuídas apenas ao nível unitário de governo. (Wilkins, 2004)

3.1.5 Os Territórios da Austrália

Para além dos seus estados, a Austrália tem dois territórios que são autónomos: um é chamado de território da capital australiana (ACT) e o outro é chamado de território do norte (NT). De acordo com a constituição da Austrália, o parlamento da Commonwealth é o responsável pela administração desses territórios. De acordo com a constituição da Austrália, os poderes da paz e da ordem, juntamente com a boa governação, são geralmente assumidos pelos estados dos seus próprios actos. No entanto, a constituição não contém qualquer disposição sobre o papel dos territórios no âmbito da jurisdição da federação. Por exemplo, surgiu uma situação problemática quando a questão dos assentos dos senadores dos territórios para participar no senado, porque cada estado tem membros iguais no senado e a questão levantada é que os territórios devem ser incluídos ou excluídos da composição do senado? Após discussão e muitas reuniões, foi tomada a decisão de que cada território continental enviará os seus dois membros para o senado, que são o Território do Norte (NT) e o Território da Capital Australiana (ACT), enquanto cada estado tem os seus 12 lugares na constituição. (Harwood J. ,2010)

3.1.6 Caraterísticas do federalismo na Constituição australiana

Ao estudar o sistema federal australiano, partiu-se do princípio de que este se aproxima do sistema do federalismo dos Estados Unidos da América. Contém os numerosos poderes do parlamento e não os dos estados. Além disso, os Estados dispõem de um poder residual que lhes é atribuído de forma alargada em vez do Parlamento. Esta cláusula de supremacia na constituição faz com que a Austrália tenha uma legislação bicameral forte com o senado onde os estados têm representações iguais. O estabelecimento do tribunal supremo tem poderes para a declaração das decisões da autoridade, há também tribunais superiores na Austrália e é o processo contém a complexidade do procedimento de duas etapas para a alteração da constituição.

3.1.7 Desenvolvimento do federalismo da Austrália

Desde o início do federalismo na Austrália, existem dois níveis de autoridade para limitar o poder em equilíbrio, tendo-se alterado substancialmente a visão do fundador (Alan Fenna, 2007). Em geral, os eleitores recusaram a proposta de conferir poderes à Commonwealth através de uma alteração da Constituição. O tribunal superior obrigou-o a interpretar generosamente os numerosos poderes da Commonwealth. (Galligan B. , Politics of the High Court: a study of the judicial branch of government in Australia, 1987)

Tem havido uma grande tendência para a monopolização do acesso à recolha das principais receitas das principais fontes de financiamento do governo da Commonwealth. Tem havido uma grande tendência para a monopolização do acesso à recolha das principais receitas das principais fontes de financiamento do governo da Commonwealth. O federalismo australiano continuou a funcionar de forma verdadeira e razoável nas suas duas décadas de existência. É a responsabilidade colateral dos Estados e da Commonwealth de actuarem como independentes na sua própria jurisdição nos domínios financeiro e político. Foram as decisões do tribunal superior que rejeitaram as tentativas das autoridades da Commonwealth de alargar a sua jurisdição às esferas de jurisdição dos Estados. A autoridade e os poderes da Commonwealth atingiram o seu auge na época da Primeira Guerra Mundial. Este foi o ponto de viragem do federalismo na história da Austrália e as decisões do Supremo Tribunal em 1920 repudiaram as doutrinas dos primeiros tempos para a proteção e coordenação dos Estados e a sua colocação na federação (CLR, 1920).

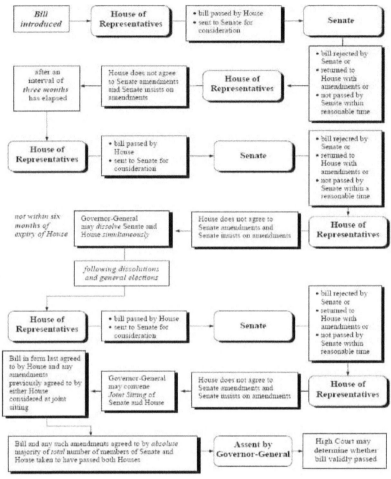

Fonte: aph.gov.au

3.2 O Parlamento australiano da Commonwealth

O poder sobre a legislação da riqueza comum da Austrália seria confiado ao parlamento federal, que será composto pela Rainha, o Senado e a Câmara dos Representantes e, portanto, seria chamado de parlamento da Commonwealth da Austrália. Pela convenção, o Governador Geral forma a comissão do líder do partido com maioria de assentos na casa com um único partido ou a coalizão com o outro partido ou partidos na casa para que o governo possa ser formulado.

O primeiro parlamento da Austrália reuniu-se em 1901, na cidade de Melbourne, no edifício da exposição. Depois disso, foi celebrado um acordo entre as autoridades vitorianas e a Commonwealth, segundo o qual o parlamento da Commonwealth se reuniria no edifício de exposições de 1901 a 1927. Este acordo foi temporário, mas o parlamento da Commonwealth não conseguiu encontrar um local adequado para as suas sessões até 1927, em Camberra. A casa do parlamento foi inaugurada pela rainha Isabel II numa base permanente, construída na colina da capital, onde se realizou a primeira sessão em 22 de agosto de 1988. O poder sobre a legislação da riqueza comum da Austrália será confiado ao parlamento federal, que será composto pela Rainha, o Senado e a Câmara dos Representantes e, portanto, será chamado de parlamento da Commonwealth da Austrália.

O parlamento da Commonwealth é uma espécie de bicameral, com duas câmaras para legislar. A primeira é conhecida como Senado e a segunda como Câmara dos Representantes. Os deputados ocupam os seus cargos e exercem as suas funções nas duas câmaras, de acordo com a Constituição. Existem também os gabinetes do governo e o órgão executivo, bem como os ministérios. Todos eles são responsáveis pelo desempenho das suas funções de acordo com as diretivas estabelecidas nas respectivas nomenclaturas. O mandato e a manutenção dependem da confiança da câmara baixa. Os primeiros-ministros e os líderes dos partidos da oposição também são membros da Câmara.

3.2.1 O Senado

O Senado da Commonwealth do governo australiano é composto por 76 membros. Existem seis estados na Austrália, para além de dois territórios. A cada estado são atribuídos 12 lugares para a eleição dos senadores, que podem exercer as suas funções durante um período de seis anos e este mandato é fixo. Ao território do Território da Capital Australiana são atribuídos dois lugares e o território do Norte também pode enviar os seus dois senadores para o Senado. O mandato dos membros destes dois territórios é de três anos e está associado ao mandato dos representantes da Câmara (Government A., Reform of the Federation ,2013).

3.2.2 A Câmara dos Representantes

A Câmara dos Representantes tem 150 lugares e os membros são eleitos entre os membros individuais do eleitorado. A Constituição estipula que a Câmara dos Representantes deve ter o dobro dos membros do Senado. Mas há pequenas variações devido aos direitos dos estados e dos territórios, juntamente com as condições geográficas do país. Por exemplo, o número de membros da Câmara dos Representantes foi ultrapassado para 147 a 150.

3.2.3 Conselho do Governo Australiano (COAG)

O federalismo na Austrália tem mantido a sua evolução nas práticas de coordenação e relações intergovernamentais de forma extensiva. E tem colmatado o fosso e respondido aos desafios da crescente sobreposição entre os dois principais níveis de governo, ou seja, a Commonwealth e os Estados associados. (Phillimore, 2013)

3.2.4 Associação Australiana do Governo Local

E tem sido o resultado das reuniões entre o Primeiro-Ministro e os premiers dos estados[4] e os ministros-chefes dos territórios autónomos, juntamente com o presidente da Associação Australiana do Governo Local (ALGA). Desde 1990, estas reuniões têm sido realizadas na plataforma do Conselho do Governo Australiano (COAG). Em 2005, o órgão constitucional denominado Conselho da Federação Australiana (CAF) foi constituído sob a forma de Conselho da Federação no Canadá (CFC). (Lynch, 2012)

3.2.5 A Câmara dos Representantes

A Câmara dos Representantes tem 150 lugares e os membros são eleitos entre os membros individuais do eleitorado. A Constituição estipula que a Câmara dos Representantes deve ter o dobro de membros em relação ao Senado. Mas há pequenas variações devido aos direitos dos estados e dos territórios, bem como às condições geográficas do país. .

A convenção prevê que o Governador-Geral forme uma comissão composta pelo líder do partido com a maioria dos assentos na Câmara, com um único partido ou com uma coligação com outro partido ou partidos na Câmara, para que o governo possa ser formulado.

3.2.6 Legislação

A maior parte dos projectos de lei são examinados e iniciados pelo Parlamento e introduzidos pela autoridade na Câmara dos Representantes. A Constituição impôs sanções ao Senado no que se refere ao seu poder sobre a legislação financeira, pelo que a Câmara dos Representantes não pode alterar a legislação nem pode alterar a lei no que se refere aos encargos financeiros para o povo.

3.2.7 Conflito legislativo

O Senado tem o poder de rejeitar qualquer tipo de projeto de lei apresentado pela Câmara dos Representantes. Por conseguinte, a Constituição prevê uma forma de resolver a questão entre o Senado e a Câmara dos Representantes, sempre que uma proposta de lei seja processada e aprovada pela Câmara dos Representantes e enviada ao Senado para aprovação, e que haja uma opinião divergente sobre a sua rejeição no Senado.Para quebrar este tipo de impasse, foi aprovado um método da constituição que consiste em que, neste tipo de situação, o Governador Geral está autorizado a dissolver as duas câmaras e a realizar a eleição das duas câmaras. Este tipo de situação surgiu em 1914, 1951 e em 1975, 1975, 1983 e, por último, em 1987.

3.2.8 O Orador

O Presidente da Câmara é responsável pela gestão dos assuntos da Câmara e, na maioria dos casos, preside à sessão da Câmara. É o símbolo da honra e da dignidade da assembleia. Mantém a casa bem disciplinada, a fim de manter o decoro da casa. Considera-se imparcial em relação à discussão na assembleia, mas por vezes é difícil manter a imparcialidade. Porque a política partidária afecta naturalmente o comportamento do orador na Assembleia. A razão é que ele é escolhido entre os membros do partido no poder e tem sido alvo de oposição durante as eleições. É suposto abandonar o cargo com a mudança de governo. Do mesmo modo, quando o membro do governo chega ao poder, continua envolvido nos assuntos da política, participa nas reuniões e discute as questões e pode ser o porta-voz do seu partido junto dos meios de comunicação social. O deputado pode exercer o seu direito de voto quando os votos das diferentes opiniões são iguais. Muitas vezes, a oposição da Assembleia sente-se desconfortável devido ao parlamento do orador em relação ao seu partido no poder. (Singleton, 2013)

3.2.9 O Conselho Executivo e o Gabinete da Austrália

Há uma distinção entre o conselho executivo e o gabinete da Austrália. Antes do sistema de governo autónomo colonial de 1850 e da sua chegada, todas as colónias australianas tinham um conselho executivo baseado no modelo do Conselho de Privacidade Britânico, que incluía o oficial colonial sénior, como o Secretário Colonial e o tesouro. A sua responsabilidade consistia em aconselhar o governador para uma melhor administração da colónia. Estes conselhos foram re-autorizados na formação da constituição colonial e podem continuar sob a prerrogativa da realeza sem a reautorização constitucional. Quando a Commonwealth e o Northern Territory foram estabelecidos, cada um deles assumiu o conselho executivo de acordo com a sua constituição. Ao passo que ao ACT não foi permitido o mesmo devido à inexistência de um chefe local para aconselhar o conselho. Os conselhos executivos da Austrália da Commonwealth e dos Estados, juntamente com o território do Norte, têm desempenhado um papel fundamental na constituição e reúnem-se cerca de 30 vezes ou mais para tratar dos assuntos do país. Isto deve-se ao facto de o gabinete não ser o executivo constitucional, à exceção do ACT.

Por conseguinte, as decisões tomadas nesse conselho são devidamente aprovadas pelo parlamento e pelos ministros a título individual, utilizando o seu poder no departamento, de acordo com a lei, e pelo chefe de Estado, que é obrigado a agir com base no parecer do tipo de nomenclatura ministerial.

O conselho executivo é uma plataforma em que, a conselho do ministro, o chefe de Estado apresenta os projectos de lei, bem como outras questões, como a manutenção de regulamentos e portarias, e as nomeações públicas são também recomendadas a conselho do ministro territorial. A Constituição da Commonwealth, na sua secção 64, refere que os novos departamentos do governo devem ser criados pelo Governador-Geral e pelo Conselho, bem como, na secção 72, que as nomeações dos juízes federais devem seguir o mesmo procedimento.

Por conseguinte, o conselho é considerado um órgão consultivo que aconselha o chefe de Estado nos termos da lei (Alan J. Ward, 2014).

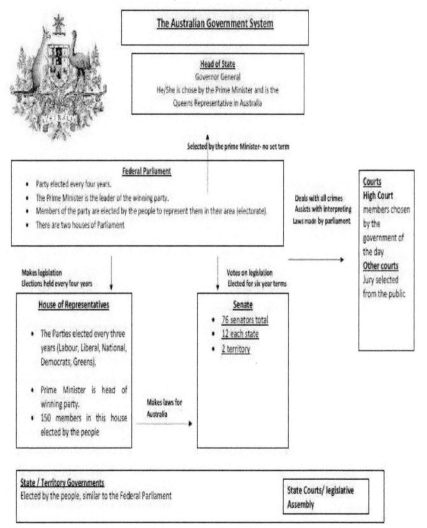

http://s788.photobucket.com

3.3 O sistema de governo australiano

A federação da Austrália é composta por seis estados onde os territórios de governo próprio. Eles têm a sua própria constituição, juntamente com o parlamento e o governo, bem como as leis. Estes factos dizem respeito ao governo nacional e central, que é designado por governo federal e que também é designado por governo da Commonwealth. No entanto, o governo do estado e do território baseia-se no mesmo princípio do governo parlamentar.

3.3.1 A Separação de Poderes

No estudo da ciência política, existem três tipos de teorias relacionadas com o poder do governo: a primeira é a legislação, que faz as leis; a segunda é o poder do executivo, que é responsável pela aplicação das leis. A terceira é o poder judicial, que interpreta as leis e decide se são aplicáveis a um caso individual ou não.
O conceito subjacente aos três poderes diferentes é o de que nenhum desses poderes, como o judicial, o executivo ou o legislativo, pode atingir os seus limites e não os ultrapassar, e cada um deles deve estar atento ao outro para manter o equilíbrio de poderes e pode haver prevenção para combater o tipo de governo opressivo e o poder pode ser dividido em três órgãos em vez de ser circunscrito a uma entidade.
No sistema parlamentar do governo, a legislação e as funções executivas são sobrepostas pelos membros do governo executivo, os ministros, que provêm do parlamento. No entanto, no sistema parlamentar australiano, existe um controlo e um equilíbrio entre o executivo e o legislativo, uma vez que os membros da oposição são o órgão de controlo mais rigoroso e oficialmente reconhecido no que diz respeito aos assuntos do governo. Além disso, não é necessário que o executivo controle as duas câmaras.

3.3.2 Governo do Parlamento

O governo federal, estabelecido pela constituição da Austrália, é constituído pelo parlamento e pelo governo executivo, bem como pelo poder judiciário, sendo designado por três braços do governo. No entanto, algumas das caraterísticas do sistema de governo central da Austrália não estão previstas na constituição, mas sim nas convenções e nos costumes regionais.

Por conseguinte, o significado do governo parlamentar é que o parlamento é criado a partir do governo executivo que deve ser considerado no parlamento. Baseia-se no modelo do estilo de governo de Westminster do Reino Unido, que é a caraterística central desse governo. Contrasta com outros sistemas de governo, como o dos EUA, em que o executivo está totalmente separado e não responde diretamente perante o legislativo.
O parlamento foi investido do poder de legislar pela Constituição, que o remete para a Commonwealth. Por conseguinte, o parlamento é composto pela Rainha, que é liderada pela representação do Governador-Geral, bem como pelas duas câmaras, a saber, o Senado e a Câmara dos Representantes. A função do parlamento é legislar sobre as leis. Para se tornar uma lei, é necessário obter o consentimento de ambas as câmaras, que é iniciado por uma proposta. O poder das duas câmaras é igual para aprovar os projectos de lei, mas o Senado tem a exceção de alterar ou introduzir as leis relativas a questões financeiras. O papel do Governador-Geral consiste apenas em dar o seu consentimento às leis no

processo legislativo.

O parlamento autorizou o governo do executivo a gastar os fundos públicos através da aprovação da proposta do governo relativa às despesas e à tributação. Assim, o processo de controlo das questões administrativas do governo pode ser efectuado. É também utilizado como fórum de debate sobre as questões de política pública.

A função do parlamento é estabelecer o governo do executivo a partir dos membros do sistema de governo. Neste processo, quando se realizam as eleições gerais, o partido maioritário com assentos forma o seu governo com ou sem partidos de coligação e com a maioria dos membros e o seu apoio. Esta câmara é designada por câmara dos representantes, com o apoio do partido no poder, e o líder da câmara é designado por primeiro-ministro.

A cada câmara foram atribuídos os seus deveres e funções de acordo com a constituição, bem como a oposição na câmara. O partido que, com ou sem a coligação de outro partido, tem uma posição minoritária em relação ao governo é, por conseguinte, a oposição e o seu líder será designado por líder da oposição na câmara. As funções da oposição foram oficialmente reconhecidas. A oposição tem o seu papel essencial no sistema e no verdadeiro espírito da democracia da Austrália. Apesar de o partido no poder ter a maioria na Câmara, o processo de formação do Senado durante as eleições dá uma grande oportunidade aos partidos minoritários e aos grupos independentes de elegerem membros da sua escolha em vez dos membros apoiados pelo governo, e tem-se verificado frequentemente que o governo não tem sido apoiado maioritariamente no Senado.

3.3.3 Períodos de sessão

A Constituição estipula que o Parlamento da Commonwealth deve realizar a sua sessão pelo menos uma vez por ano. Anteriormente, havia a tradição de convocar a sessão e havia o período das sessões simultâneas. A primeira é a do outono (fevereiro a março), a segunda é a do orçamento (maio a junho) e a última e terceira é a sessão da primavera, que decorre de agosto a dezembro.

Dias de sessão das duas Câmaras e actos aprovados

Year	House of Representatives	Senate	Acts Passed
2003	74	64	150
2004	59	49	158
2005	67	57	164
2006	68	58	172
2007	50	41	184

2008	69	52	159
2009	68	53	136
2010	55	40	150
2011	64	43	130
2012	63	56	206
2013	48	37	148

(http://www.aph.gov.au)

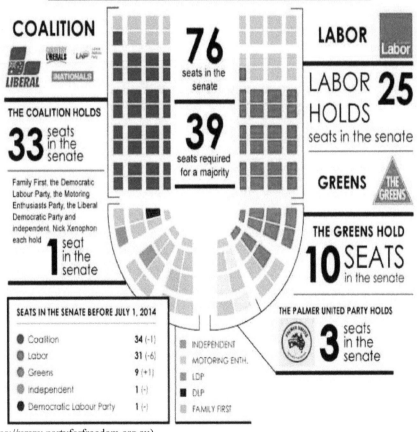

(https://www.partyforfreedom.org.au)

3.4 O Governo do Executivo
3.4.1 As disposições da Constituição

De acordo com a Constituição da Austrália, o poder executivo da Commonwealth é atribuído à Rainha e pode ser exercido pelo Governador-Geral, que é o representante da Rainha. Mas, na verdade, o único poder executivo obtido apenas através da Constituição não pode ser exercido numa abordagem realista, o que conduz a uma leitura literal enganadora.

3.4.2 As práticas do governo executivo

O poder executivo é conferido ao Primeiro-Ministro e ao seu gabinete, que contém, na realidade, os ministros mais antigos. Estes poderes decorrem da Constituição, com as interpretações do Conselho Executivo Federal e dos seus membros. Estes parecem ser os conselheiros do Governador-Geral. No que respeita à política, foram eleitos pelo povo para a Câmara dos Representantes. E, no que respeita à convenção, devem respeitar os costumes e a tradição.

O sistema de governo da Austrália foi concebido e modelado com base no sistema de governo de Westminster, que foi herdado pelo Reino Unido, e os autores da Constituição tomaram-no como garantido, pelo que nunca foram mencionados os nomes do Primeiro-Ministro e do seu gabinete na Constituição.

3.4.3 Composição do Ministério
3.4.3.1 O Primeiro-Ministro

O chefe do Governo é o Primeiro-Ministro. Assumiu este estatuto de Primeiro-Ministro por eleição e por ser o chefe do partido com maioria, com ou sem coligação, na Câmara dos Representantes.

3.4.3.2 O Gabinete

Contém os ministros seniores que são presididos pelo Primeiro-Ministro e é o órgão eminente para a elaboração de políticas para o governo. Todas as grandes propostas e políticas foram concebidas através do gabinete. O Primeiro-Ministro está autorizado a selecionar o seu gabinete de acordo com a qualificação e a experiência dos membros eleitos do seu partido ou do partido da coligação para gerir os assuntos do governo e esse ministro permanece intacto na sua posição até à vontade e ao prazer do Primeiro-Ministro.

3.43.3 Os Ministros

Os ministros são selecionados pelo Primeiro-Ministro. Há 30 ministros em funções e o seu limite máximo pode ser aumentado com a legislação. Os principais departamentos de alto nível são administrados por 19 ministros seniores, que são normalmente membros do gabinete. Os outros ministros são responsáveis pelos pequenos departamentos. Os ministros foram nomeados pelas duas câmaras do Parlamento. A maioria de dois terços é atribuída à Câmara dos Representantes.

3.43.4 Secretários parlamentares

Há 12 membros e os senadores são nomeados pelo Primeiro-Ministro como Secretários do Parlamento, a fim de assistir e representar os ministros no desempenho das responsabilidades administrativas.

(https://paanluelwel2011)

3.5 O papel do Governador-Geral

Em nome da Rainha, participa nas funções cerimoniais como chefe de Estado. Quando os poderes do governo executivo tiverem sido exercidos por ele ou em seu nome e todas as funções desempenhadas são aconselhadas através do Primeiro-Ministro e do seu gabinete.

O Governador-Geral tem os seguintes poderes, de acordo com a Constituição Pode nomear e demitir os conselhos executivos. Tem o poder de nomear e demitir os ministros da administração para os departamentos e agências relacionados com a função pública.

Actua como o comandante em chefe das forças armadas. Tem o privilégio de nomear os juízes para os tribunais, mas a destituição destes exige também o consentimento do parlamento. Com o seu consentimento, o parlamento reúne-se em sessão e está sujeito a alguns dos requisitos da Constituição. Tem também o poder de suspender ou demitir o parlamento se o considerar adequado. Foi a partir do seu gabinete que foram emitidos os mandatos para concorrer às eleições gerais. As despesas do governo são iniciadas por ele após a sua recomendação ao parlamento.

Após a aprovação da proposta por ambas as câmaras, os projectos de lei são-lhe apresentados para aprovação, sendo convertidos em leis após a sua recomendação. O Presidente tem o poder de rejeitar os projectos de lei que lhe foram apresentados para aprovação. E a sua recusa é definitiva. O Presidente tem o poder executivo nos termos da Constituição e dos actos do Parlamento, tal como a proclamação da legislação, podendo elaborar e regulamentar a legislação e os poderes que delega no Parlamento para a legislação. Todas as acções tomadas pelo Governador-Geral são designadas acções executivas, mas, na prática, todas estas funções são exercidas de acordo com o parecer do Primeiro-Ministro e do seu ministro, exceto nos casos em que é necessário recorrer ao poder de reserva.

3.5.1 O poder de reserva do Governador-Geral

A Constituição refere que o Governador-Geral tem o poder de atuar como entidade independente em casos excepcionais. Neste tipo de casos raros, o Governador-Geral tem o poder de demitir a Câmara dos Representantes. Além disso, tem também o poder de dissolver as duas câmaras se o considerar adequado. No entanto, o governador-geral actuará com base no conselho do primeiro-ministro, que mantém a confiança da Câmara.

Estes tipos de poderes são a prerrogativa e o poder de reserva conferidos ao primeiro-ministro, que não necessita de aconselhamento, e também não são claramente mencionados e definidos na Constituição.

3.6 O Conselho Executivo Federal e o seu papel

O Conselho Executivo Federal é um mecanismo constitucional de aconselhamento ministerial ao Governador-Geral. Os membros do Conselho Executivo são os ministros e os secretários parlamentares, e todos eles têm o direito de participar nas reuniões. Em geral, todos os membros do Conselho nunca se reúnem. A restauração para participar nas reuniões está contida nos membros mínimos dos ministros e dos secretários do parlamento. Normalmente, o Governador-Geral preside às reuniões do Conselho e, nalguns casos, há um suplente que é nomeado com o consentimento do Governador-Geral e que tem o título de Vice-Presidente do Conselho. O deputado é escolhido entre os ministros. Todos os assuntos são tratados neste tipo de reunião do conselho e as recomendações dos ministros e a aprovação final da decisão são exigidas pelo Governador-Geral. Embora o órgão do conselho executivo pareça ser um carimbo de borracha, as questões são levadas ao conselho para obter a garantia de que as acções tomadas pelos ministros estão bem documentadas e são legalmente aprovadas e a sua validação foi reconhecida constitucionalmente e estão também em conformidade com a política do governo.

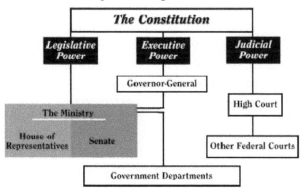

(http://www.aph.gov.au)

3.7 A Rainha

Por constituição, a Austrália é um país monárquico. O monarca é o país que tem o seu chefe de Estado herdado. O termo monarca constitucional é utilizado quando o poder foi conferido à Rainha ou ao Rei e está limitado à lei e à convenção e o poder só é exercido de acordo com o conselho do regime eleito.

É uma posição simbólica ser o chefe de Estado para assistir às cerimónias, em comparação com o chefe de governo, onde o poder administrativo é utilizado para gerir os assuntos do governo. Nalguns países do mundo, a mesma pessoa tem os dois títulos, o de chefe de Estado e o de chefe de Governo, como é o caso dos EUA, que estão autorizados a desempenhar as duas funções. A chefe de estado na Austrália é a rainha Isabel 2. Esta rainha é também chefe de estado de muitos países que ainda fazem parte do império britânico. De facto, ela é a rainha do Reino Unido. Por conseguinte, o seu papel na Austrália é totalmente diferente do do Reino Unido. O governo do Reino Unido não desempenha qualquer papel e não interfere nos assuntos da rainha na Austrália.

De acordo com a constituição da Austrália, a Rainha foi investida de poderes e estes poderes estão a funcionar em seu nome e ela tem o seu representante que é chamado de Governador Geral. É por isso que, desde a criação da Austrália, os assuntos desta região eram tratados pelo Governador Geral da Rainha, que era o chefe do Estado, o que se verificou após o nascimento da Austrália. E o primeiro-ministro dá o seu parecer ao governador-geral para que este possa gerir os assuntos do governo. A Rainha foi investida com o poder de desaprovar e dissolver o ato do parlamento, mas isso ainda não ocorreu na história da constituição australiana, o que é considerado um passo extremamente diferente e que nunca ocorreria.

3.8 O poder judicial

Na Constituição, o poder judicial foi atribuído à Commonwealth, sendo este poder utilizado para interpretar as leis de acordo com os princípios, a fim de investigar a aplicação das suas implicações nos casos individuais. O Tribunal Superior foi estabelecido com a formação da constituição, enquanto os tribunais federais foram criados com o processo legislativo no parlamento. As nomeações dos juízes foram atribuídas com o consentimento do Governador-Geral, após parecer do Primeiro-Ministro e do Conselho de Ministros. Os juízes só podem ser destituídos do cargo por ineficácia ou mau comportamento e, nesses casos, é necessário o consentimento do parlamento e das suas duas câmaras.

O principal dever do Supremo Tribunal é interpretar a Constituição. O Supremo Tribunal tem o poder de denunciar a inconstitucionalidade de uma lei, o que ultrapassa a jurisdição e o poder da Câmara para a interpretar e nada lhe foi afetado. O parlamento é obrigado a atuar no âmbito da jurisdição da constituição e, constitucionalmente, podem ser introduzidas alterações à lei para anular a interpretação do tribunal em qualquer lei ordinária aprovada pelo parlamento. Além disso, o referendo popular também é necessário para alterar a Constituição, não sendo apenas possível ao parlamento através de um ato legislativo.http://www.aph.gov.au)

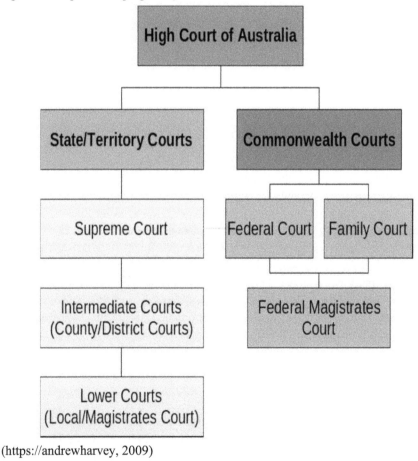

(https://andrewharvey, 2009)

Mapa político do Canadá

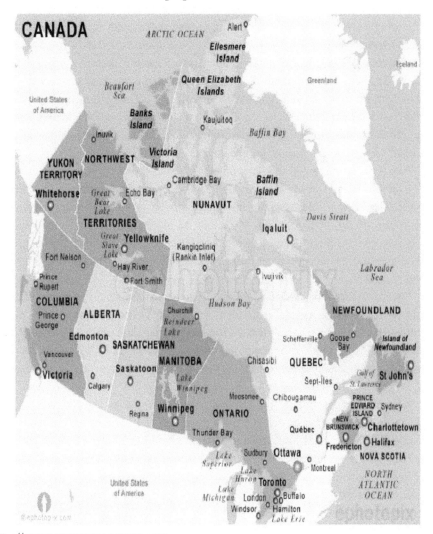

http://www.mapsopensource.com

3.9 História do federalismo canadiano

Após a guerra de sete anos na Europa, o Canadá ficou sob o domínio da Grã-Bretanha em 1763, com o pacto do Tratado de Paris. Em 1791, o Canadá foi dividido em províncias: o Baixo Canadá e o Alto Canadá. Ambas as regiões tinham o seu próprio órgão executivo e uma assembleia representativa chefiada pelo governador. A lei de 1791 parece ter fracassado devido à agitação no Baixo Canadá, porque os franceses consideram que os residentes do Alto Canadá exploram os seus direitos devido ao seu domínio nas questões administrativas e sentem-se isolados nas questões governamentais e querem direitos iguais aos dos canadianos do Alto Canadá. Este conflito atingiu o seu auge em 1837 e a campanha de rebelião foi desencadeada em ambas as regiões.

Para reduzir esta situação, o Governo britânico decidiu alterar a Constituição do país. Lord Durham foi incumbido de analisar o assunto e apresentou o seu relatório sobre os factos e, à luz do seu relatório de orientação, o Governo britânico aprovou, em 1840, uma lei em que as duas regiões do país, o Alto Canadá e o Baixo Canadá, foram transformadas numa única região unida, denominada Canadá. A lei de 1840 alterou todo o cenário das aspirações canadianas.

A legislação abrangia simultaneamente o conselho e a assembleia. As duas regiões, tanto o Baixo Canadá como o Alto Canadá, eram igualmente reconhecidas na assembleia legislativa. Mas esta lei não correspondia aos verdadeiros desejos dos franceses devido ao monopólio dos britânicos na assembleia. O pomo da discórdia eram as duas etnias diferentes das duas regiões, que eram total e absolutamente opostas, de modo que surgiu a ideia do federalismo, que era adequado às duas nações e às duas regiões.

Em 1864, foram organizadas muitas reuniões no Quebeque, uma província do Canadá, para resolver a questão, onde foi concluída uma estrutura e um quadro para o federalismo e as diferentes províncias do Canadá participaram nessas reuniões. Para o efeito, foram introduzidas e alteradas cerca de 72 reformas na Constituição. Este quadro foi reconhecido pelas respectivas assembleias legislativas das províncias em causa.

Após o reconhecimento do projeto pelas assembleias legislativas, este foi transformado num projeto de lei que foi apresentado ao Parlamento britânico para aprovação final e que, mais tarde, passou a existir como Lei de 1867. Esta lei constitui a pedra angular da estrutura política do federalismo canadiano.

Nas palavras de Alexander Brady, a confederação é a essência da verdadeira lealdade e harmonia entre as diferentes regiões para com o país, bem como dos diferentes grupos étnicos ou raças para com o nacionalismo. Assim, as regiões francesas, que se consideravam alheias às decisões das autoridades, sentiam agora, felizmente, a sua participação ativa após a conquista do Estado como domínio. *(British North America Act, 1867)*.

Em 1949, o Canadá passou a ter dez províncias e a Terra Nova era a 10th província do Canadá. A adição de dois territórios e de cinco províncias foi efectuada entre 1867 e 1914. A este ritmo, o Canadá avançou rapidamente para o governo autónomo. As relações do Canadá com os britânicos foram notavelmente fortes desde 1914 até à data. E onde a constituição foi revolucionária avançou e embarcou em direção ao federalismo. Atualmente, o Canadá é um país independente e soberano onde a sua comunidade tem autonomia e é uma nação entre os países de riqueza comum que adquiriu um estatuto igual ao de outros países de riqueza comum e é independente no que diz respeito às questões internas e externas. Isto deveu-se às conferências do Império com o passar do tempo.

Além disso, em 1931, as resoluções foram aprovadas pela "Declaração de Balfour", onde o Canadá obteve o estatuto de domínio e, no estatuto de Westminster, esta posição foi mais proclamada. Segundo o Prof. Strong C.F., na evolução da Constituição canadiana, o domínio canadiano foi incorporado em 1876 com o Ato Britânico da América do Norte, em que a sua aplicação deu origem a quatro províncias de uma federação e, posteriormente, estes membros aumentaram para dez com as alterações introduzidas na altura. Este ato, com os estatutos necessários em sentido lato e as suas convenções, tornou-se a Constituição canadiana. *(Strong C.F., 1960).*

Em termos gerais, a constituição canadiana abrange metade do continente americano setentrional, excluindo o Alasca. A área do Canadá é de 9976177 quilómetros quadrados. Há uma diversificação nas regiões do Canadá, ou seja, a raça e a língua, bem como a região dos nativos britânicos são mantidas com a sua população, que é de 52%, enquanto a origem francesa é de 28%. Da mesma forma, os alemães são 4,5% e os europeus são 12%, assim como os negros e os indianos são 3% na sua origem no país. Mas a solidariedade para com a integração nacional culmina entre as diferentes etnias.

A principal fonte da economia canadiana é o trigo. Para além disso, o níquel é a principal fonte de todo o mundo. Além disso, foram encontrados no Canadá depósitos de vastos minerais e hidrantes. No norte do Canadá, existe uma quantidade significativa de urânio e outros minerais que foram criados na era atómica. A capital canadiana é Ottawa.

3.9.1 Desenvolvimento do Canadá

O British North American Act (BNA) parecia ser patrístico. A lei de base foi associada aos canadianos. A mudança histórica da Constituição na história do sistema político não corresponde às aspirações dos seus criadores. Na era do mundo moderno, o Canadá tornou-se um país livre no seu verdadeiro sentido.

A lei para a América do Norte britânica baseia-se nos círculos eleitorais do país e tem estado sempre sob controlo, pertencendo ao parlamento do Império Britânico que fornece a base e a estrutura aos seus antecessores. Mais de 50 anos se passaram, mas os esforços para trazer a constituição para a pátria são inúteis. O conflito entre as massas atingiu o seu auge quando se sentiu que o governo central estava a agir unilateralmente e que a Constituição devia ser repatriada.

A questão foi levada ao Supremo Tribunal pelas respectivas províncias, onde o Supremo Tribunal proferiu o veredito de que as objecções levantadas pelas províncias são legalmente impostas pela Constituição ao Governo central. Neste contexto, o Governo central apresentou um plano baseado em três direitos fundamentais, que foram aclamados por todas as nove províncias, exceto uma, e pelo Governo central; que a constituição deveria ser repatriada, os direitos fundamentais de uma pessoa comum deveriam ser acrescentados à carta, a metodologia de alterações à constituição do Canadá, em que estas resoluções seriam incorporadas através do parlamento do Canadá e, em seguida, seriam levadas à Grã-Bretanha para determinadas alterações.Este plano, o direito fundamental, foi o plano mais crítico e controverso do então Primeiro-Ministro Trudea, e enfrentou uma grande oposição por parte da província do Quebeque *(Thomas, 1982)*.

3.10 Caraterísticas da Constituição canadiana

A constituição canadiana baseia-se na lei do parlamento britânico que foi alterada para produzir efeitos a partir de agora.

De acordo com E.A. Dreidger, "no direito canadiano, há escassez de documentos que satisfaçam as exigências do direito canadiano e que possam ser considerados uma lei completa do governo canadiano. A constituição canadiana tem as suas raízes na constituição da América e da Grã-Bretanha. A constituição canadiana obteve os seus valores federais da América; enquanto a sua tendência federal foi incorporada a partir do então parlamento da Grã-Bretanha.

3.10.1 A redação da Constituição

As bases da constituição do Canadá são as do Ato da Grã-Bretanha da América do Norte. Para além do ato, foram incorporadas as alterações necessárias ao seu efeito com o passar do tempo.

Os estatutos da constituição canadiana foram aprovados pelo parlamento da Grã-Bretanha, que se refere formalmente ao Canadá, como as leis das colónias, a declaração de Westminster em 1931 e a validação do estatuto do ato, o ato de abdicação de 1936.As ordens do conselho da Grã-Bretanha territorial do oeste setentrional; ordens para o Canadá como domínio, a ordem para a Colúmbia Britânica; as leis relativas ao parlamento do Canadá; o ato da Câmara dos Comuns; o ato para Saskatchewan e Alberta; a Carta de Direitos de 1960; e, posteriormente, foram aprovados pelo Parlamento do Canadá muitos actos que criaram os territórios e as províncias e a reatribuição das fronteiras dessas províncias e territórios; o Supremo Tribunal do Canadá foi criado pela lei de 1875, a lei relativa ao conselho executivo; o processo legislativo; o processo eleitoral também foi incluído na Constituição. A convenção desempenhou um papel fundamental na formação da Constituição do Canadá. Por exemplo, as relações entre o Governador-Geral e o gabinete, o Primeiro-Ministro e o seu gabinete, as responsabilidades ministeriais para com as províncias, que desempenharam um papel significativo na democracia do Canadá, que anteriormente era uma autocracia (Documento de referência, 1988).

3.10.2 Flexibilidade e rigidez

A Constituição do Canadá não é tão flexível como a Constituição da Grã-Bretanha, mas também não é tão rígida como a da América. No que diz respeito à alteração da constituição, a lei britânica para a América do Norte é omissa. A disposição relativa à alteração da constituição só foi autorizada às respectivas províncias e limitava-se a manipular os assuntos do tenente governador. Por conseguinte, antes de 1949, a alteração da Constituição do Canadá era confiada ao Rei da Grã-Bretanha; Sua Majestade pelo Parlamento da Grã-Bretanha; enquanto o Parlamento do Canadá tinha de se dirigir ao Rei. O parlamento canadiano foi autorizado a legislar sobre os assuntos relacionados com a sua constituição, mas foi igualmente concedida uma exceção à autoridade legislativa em relação às províncias, às escolas, aos privilégios e aos direitos das respectivas províncias e do seu governo, à utilização das línguas francesa e inglesa, bem como aos termos associados aos seus contextos.

Para efetuar as alterações necessárias à Constituição, é necessária uma maioria simples na Câmara, o que simboliza a flexibilidade da Constituição. No entanto, os assuntos que o parlamento aborda estão fora do seu controlo, pelo que se assume que a constituição do Canadá é considerada rígida. Assim, de acordo com os comentários de C.E.Strong, "a constituição canadiana tem caraterísticas federais na sua natureza, pelo que pode ser considerada como a mais rígida em comparação com outros estatutos federais da *era* moderna" *(Strong C.F., 1960).*

A lei britânica para a América do Norte, aplicada em 186land, e a sua alteração subsequente na constituição, estabeleceram a constituição canadiana de natureza federal, o que pode ser comprovado pelos factos abaixo mencionados. Os poderes atribuídos às províncias e ao domínio. As províncias têm o poder e o controlo exclusivo do processo legislativo em matérias de natureza específica, enquanto o domínio (centro) tem o poder de legislar sobre outras matérias que não as províncias. Tanto o domínio como as províncias têm uma distinção pessoal. Nenhum deles pode alterar a distribuição de poderes especificada na Constituição.

O Parlamento britânico é a única plataforma para a introdução de alterações na Constituição. Se surgir algum tipo de questão entre o centro e as províncias sobre a partilha do poder, o Supremo Tribunal tem autoridade para resolver este tipo de conflitos. Assim, pode assumir-se que a supremacia da Constituição canadiana é a marca distintiva da Constituição no federalismo. Embora a constituição canadiana seja uma constituição federal, a centralização pode também ser considerada forte devido aos factos que se seguem;

A delegação de poderes foi atribuída ao centro de tal forma que este pode ser fortemente reconhecido. O governo provincial tem sido controlado pelo governo central, exercendo o seu poder de várias formas. Os actos das províncias podem ser anulados pelo Governador-Geral, mediante comunicação dos governadores das províncias, durante um ano após a sua receção; trata-se de uma espécie de poder de veto conferido ao Governador-Geral.

O governador-geral pode solicitar o parecer favorável do respetivo tenente-governador relativamente a qualquer projeto de lei provincial e pode influenciar a legislação provincial. O Governador-Geral pode igualmente solicitar o parecer favorável do respetivo Tenente Governador relativamente a qualquer projeto de lei provincial e pode influenciar a legislação provincial. A nomeação do poder judicial é também confiada ao governo do centro. As províncias não têm a sua representação no senado em pé de igualdade com os EUA. Por conseguinte, o senado não pode ser considerado como o guardião dos interesses das províncias. Ao manter tais tendências em relação ao governo do centro, K.C . Onde afirmou, de forma notável, que "é difícil dizer que a Constituição canadiana é federal devido à sua essência de posição unitária para a modificação dos seus aspectos; por isso, é melhor dizer que é quase federal no sentido de federalismo" (K.C.,1964).

O Prof. Kennedy afirmou: a federação canadiana na sua essência pelas razões que se seguem;

O poder das províncias é autónomo. O poder do parlamento do governo central não é delegado pelo parlamento da Grã-Bretanha. Simultaneamente, o centro tem plenos poderes na sua jurisdição.

Todos os poderes foram atribuídos às suas entidades pela Constituição canadiana, dentro dos limites das suas competências. A legislação elaborada pelo parlamento do domínio, bem como o estatuto de independência das províncias, são plenamente reconhecidos pela Constituição canadiana. Por conseguinte, o Prof. Kennedy observou que "tanto o domínio como as províncias dispõem dos seus poderes de forma a coordenarem-se mutuamente para que a sua soberania e autoridade sejam exercidas dentro dos seus limites e no âmbito da sua esfera de ação, que lhes são conferidos pela Constituição canadiana.

A abordagem analítica da situação atual do federalismo canadiano revelou que as províncias do Canadá gozam do seu poder de independência e são mais autónomas do que o estatuto da América, enquanto a autoridade do centro está altamente inclinada no federalismo canadiano no quadro da Constituição. A contradição ou a não autorização das províncias para legislar é rara e o confinamento para tal ato é determinado quando a legislatura do poder é contrária aos interesses da riqueza comum. Agora, o governo do centro não pode continuar a utilizar o instrumento do tenente-governador. Nas palavras de K.C. Wheare: "Embora a Constituição do Canadá pareça ser quase federalista, pode presumir-se que predomina um estatuto federal proactivo (Kennedy, 1938).

Constitutional Division of Powers

Federal	Provincial	Concurrent
Trade and Commerce	Crown Land (Natural Resources)	Agriculture
Criminal Law	Hospitals, Charities	Immigration
Raising of Revenue	Municipal Institutions	
Postal Service	Education	
Census / Statistics	"Property and Civil Rights within the Province"	
Defence		
Shipping, Fisheries	"Generally all matters of a merely local or private Nature in the Province"	
Indians, and lands reserved for the Indians		
Residual Power		

Residual Power, s. 91: "to make laws for the **Peace, Order, and good Government of Canada**, in relation to all Matters not coming within the Classes of Subjects by this Act assigned exclusively to the Legislatures of the Provinces"

(http://images.slideplayer.com)

3.11 Governo do Parlamento

A Constituição do Canadá baseia-se no modelo do sistema parlamentar britânico. O chefe do executivo é, normalmente, o Governador-Geral, mas o poder é conferido ao Primeiro-Ministro eleito, que tem a maioria na Câmara dos Comuns e pode ser considerado o verdadeiro chefe e o mais poderoso do Governo. Se houver uma situação em que se considere que um ministro não deve continuar no parlamento, é necessária uma maioria simples para votar a desconfiança para que esse ministro seja destituído do ministério. (Eugene Alfred Forsey, 2003)

3.11.1 O Supremo Tribunal

O último e mais elevado sistema judicial do Canadá é conhecido como o Supremo Tribunal de Justiça. Os tribunais inferiores não existem no país, em comparação com outros países como a Austrália, os EUA ou outros países onde prevalece o federalismo. Os tribunais a nível provincial apreciam as questões ou conflitos entre as províncias e o governo federal numa fase inicial. Se houver algum tipo de contradição entre as províncias e o governo federal, o Supremo Tribunal considera adequadas as leis da Constituição, que foram aprovadas a nível provincial ou central, se essa Constituição estiver em contradição ou intervir com a Constituição do Canadá. O Supremo Tribunal canadiano não é tão poderoso como o Supremo Tribunal americano. O Supremo Tribunal canadiano é composto pelo presidente do Supremo Tribunal de Justiça e por cinco juízes, que foram inicialmente aumentados para nove com a inclusão do presidente do Supremo Tribunal do Canadá *(M. O. Dickerson, 2009)*.

3.11.2 Sistema soberano a nível estatal

Existem dois sistemas de soberania a nível estatal no Canadá para gerir os assuntos do governo. Um deles é designado por sistema estatal federal, enquanto o outro é designado por sistema estatal provincial. Embora o Canadá tenha o estatuto de domínio, pode ser considerado um Estado onde a soberania do Estado é predominante em todos os aspectos. O estatuto de soberania do Canadá foi adquirido em 1931 nos estatutos de Westminster. Com estes estatutos, o Canadá deixou de ser uma colónia do Império Britânico e passou a ser considerado um Estado soberano. Agora, este Estado soberano tem controlo total sobre os assuntos, quer sejam de natureza interna ou externa. O Canadá é também um membro responsável da ONU e é sua grande responsabilidade atuar sabiamente perante a opinião pública mundial (Kenneth G. Pryke, 2003).

3.11.3 Legislação bicameral

A principal função da legislação consiste em rever a decisão tomada pela câmara baixa com o consentimento da câmara alta. Este sistema bicameral acrescentou um elemento de redundância ao processo legislativo. As caraterísticas da legislação canadiana são o facto de ser bicameral em vez de unicameral. O parlamento do Canadá tem duas câmaras para o processo legislativo. Uma das câmaras é designada por câmara baixa e é conhecida por Câmara dos Comuns. A outra é a câmara alta, designada por senado. Os membros da câmara baixa são eleitos pelo público em geral, enquanto os membros do senado são nomeados pelos membros eleitos da câmara baixa. Os membros da câmara baixa eram inicialmente 181 e passaram a 265. Os membros do senado eram 72 e atualmente são 102. O poder do Senado está prestes a perder a sua força, pois é apenas uma casa de ecos e uma mera máquina de registo.

De acordo com as observações de Sir Foster: "Ninguém gosta ou quer saber a opinião do senado sobre qualquer questão. Por conseguinte, pode talvez presumir-se que a Constituição do Canadá é o melhor modelo de enquadramento da Grã-Bretanha e dos EUA, e que as ideias dos órgãos legislativos são as melhores e mais adequadas às circunstâncias e ao ambiente do Canadá. (Serge Joyal,2003)

3.11.4 O Executivo do Domínio

Na Constituição canadiana, existem duas partes do executivo. ndA primeira é real e a segunda é nominal. O gabinete e o primeiro-ministro são a forma real do executivo, enquanto a majestade, juntamente com a sua representação e o governador-geral, são a forma nominal do executivo na constituição do Canadá. A base da constituição canadiana é formada pela Lei Britânica para a América do Norte, que afirma que as províncias têm a opinião de se unirem a nível federal no domínio sob a égide do navio da coroa britânica, que é uma constituição semelhante à do Reino Unido; a Isabel 2nd é também a rainha do país canadiano. A sua majestade é simbolizada como a associação entre o Canadá e a Grã-Bretanha, bem como os outros países da Commonwealth. O Governador Geral é o representante simbólico da coroa no Canadá e todas as funções da rainha são manipuladas por ele. Certos prémios, honras e nomeações de embaixadores são feitos direta e pessoalmente pela rainha. Para além disso, as outras funções podem ser desempenhadas pelo seu Governador-Geral.

3.12 Nomeação do Governador-Geral e respetivas condições

Antes de 1890, a nomeação do governador-geral era feita por indicação do secretariado colonial do Império Britânico, ou seja, do ministro britânico. Depois de 1890, o governo do domínio começou a consultar o procedimento de princípio que era seguido, mas não de forma rígida. A partir da conferência imperial de 1926, o governador-geral começou a ser nomeado pelo governo do domínio. A recomendação para a sua nomeação é iniciada pelo primeiro-ministro do Canadá e é transmitida a sua majestade. Estas recomendações são inevitavelmente aceites. Em 1952, o canadiano é nomeado para este cargo de augusto. O primeiro cidadão canadiano, Vincent Massey, ocupa o cargo. O mandato do Governador-Geral tem a duração de cinco anos. Pode ser destituído do cargo antes do termo do seu mandato. Se a coroa o considerar adequado, de acordo com as recomendações da divisão do gabinete do domínio. No que diz respeito à legalidade em matéria de idade, sexo, nacionalidade, etnia ou experiência, não é necessário qualquer requisito para esta nomeação, mas sim as recomendações e o parecer do Primeiro-Ministro eleito, em conformidade com a Constituição do Canadá. O salário do Governador-Geral é de \$10.000 por ano, juntamente com outros benefícios e subsídios para ele e para o seu gabinete e pessoal (Hugo, 2009).

3.12.1 Poderes do Governador Geral

De acordo com a lei da Constituição, o Governador-Geral é o representante da Coroa no Canadá e os seus poderes são muito alargados. O Governador-Geral actua como um carimbo de borracha, de acordo com os desejos do ministro, enquanto os seus poderes podem ser impostos como os da rainha no Reino Unido. De acordo com as observações de Dawson, "é provável que o Governador-Geral seja tratado de forma semelhante à que foi marcada anteriormente por algumas gerações para o seu augusto cargo. Embora o poder real tenha passado para outras mãos, anteriormente exercido pelos seus antecessores, a sua importância como sobrevivente legal manteve-se intacta e constitui uma necessidade da hierarquia política da Constituição canadiana, embora o seu carácter seja agora limitado e nominal, mas é categoricamente evidente na corrente principal do sistema político canadiano.

3.12.2 Poderes do governador-geral como executivo

A nomeação dos vice-governadores provinciais é feita pelo governador-geral, que pode ser demitido do cargo por sua própria iniciativa. O Ministério do Domínio desempenha um papel fundamental neste tipo de nomeações e demissões. O Presidente da Câmara dos Senadores é também nomeado por ele. Os juízes dos tribunais provinciais e dos tribunais supremos são igualmente nomeados por ele. A nomeação de comissários, oficiais e juízes de paz é igualmente da sua competência, bem como as categorias de vários tipos. O domínio também está autorizado a ser o chefe do oficial de comando das forças do exército, do ar e da marinha. Os membros da O.N.U. também são nomeados por ele.

Os tratados de menor importância são também assinados por ele quando o signatário da coroa não está diretamente envolvido. Os agentes ordinários e os ministros que não são diretamente nomeados por ele estão também sob a sua jurisdição para tais nomeações e mudanças. No final de 1926, as funções de embaixador eram igualmente exercidas por ele, tendo em conta os melhores interesses do governo britânico e todos os actos eram praticados. Em 1926, a conferência imperial foi destituída do desempenho de tais funções, sendo o Alto Comissariado canadiano o representante do governo britânico.

Os ministros do domínio são nomeados por sua vontade e ficam a tratar dos assuntos a seu bel-prazer. No entanto, no parlamento, o papel do governador-geral não é tão preponderante na nomeação e destituição dos ministros. No sistema político parlamentar canadiano, os ministros são nomeados por vontade do Primeiro-Ministro e, de acordo com a vontade do Primeiro-Ministro, podem permanecer nos seus ministérios. A maioria do Primeiro-Ministro no parlamento também é necessária para gerir os assuntos do governo eleito na Câmara dos Comuns. Por conseguinte, os ministros nomeados pelo Primeiro-Ministro também podem ser destituídos por conselho do Governador-Geral. O Governador Geral só pode atuar como mediador, usando a sua influência para resolver os conflitos ou disputas de natureza política entre os líderes dos diferentes partidos políticos.

Embora este tipo de questões surja raramente. A interferência do Governador-Geral é normalmente necessária para proteger a Constituição, de modo a que os assuntos do Estado possam ser geridos sem problemas. A Constituição do Canadá prevê que, se o Primeiro-Ministro estiver envolvido num delito de natureza altamente grave, deve abandonar o cargo e demitir-se. Se não o fizer, o Governador-Geral tem o poder constitucional de lhe pedir que o faça; se continuar relutante em seguir o conselho do Governador-Geral, este pode convocar a reunião parlamentar para apresentar o assunto à Assembleia e expulsar o Primeiro-Ministro eleito. Do mesmo modo, se o Primeiro-Ministro pedir ao Governador-Geral que dissolva a Assembleia, mas estiver em minoria na Assembleia, o Governador-Geral pode recusar ou resistir à dissolução, mas este tipo de prerrogativa raramente é utilizado pelo Governador-Geral. Esta lei da Constituição canadiana é raramente utilizada, mas pode ser considerada como uma "espada de Dâmocles".
(Patrick Malcolmson, 2012).

3.12.3 A legislação e o Governador-Geral

O Primeiro-Ministro tem o poder de revogar / diminuir o parlamento; a casa comum. Na realidade, o gabinete da assembleia é responsável por determinar a convocação da assembleia, ao passo que a dissolução da assembleia é considerada; o Primeiro-Ministro é responsável por este tipo de ato quando necessitar e o considerar adequado. Em 1926, foi decidido que o poder de dissolver a assembleia cabe ao Primeiro-Ministro e não ao Governador-Geral e, de acordo com o processo legislativo da Constituição canadiana, o Governador-Geral não pode recusar-se a agir com base no parecer do Primeiro-Ministro. No processo legislativo, nenhum projeto de lei pode ser aprovado pelo domínio sem o consentimento do Governador-Geral e, após a sua aprovação pelo Governador-Geral, o projeto de lei pode entrar em vigor como lei. O projeto de lei pode ser aprovado pelo Governador Geral e este pode vetar qualquer projeto de lei. Pode também enviar um projeto de lei que considere dever ser avaliado por Sua Majestade. O poder de avaliação de tais projectos de lei é discutido por Sua Majestade.

Do mesmo modo, nas legislações provinciais, o Governador-Geral tem o poder de dissolver qualquer projeto de lei quando se considere que o mesmo se baseia em injustiças, é ilegal ou contradiz a Constituição, bem como os direitos de propriedade e privados. No entanto, o Governador-Geral não pode exercer o seu poder por sua própria iniciativa, mas com a devida consulta dos membros eleitos da Câmara e, para exercer esse poder, tem de pedir a opinião dos ministros do Governo, caso contrário, essa desautorização da legislação das províncias seria contornada. Tem também a prerrogativa de nomear a demissão do presidente do senado.

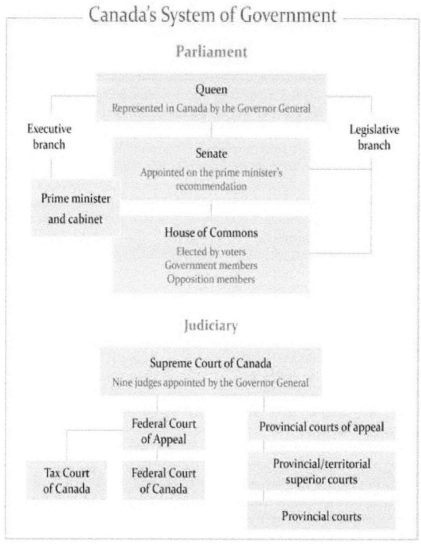

http://www.parl.gc.ca

3.12.4 O governador-geral e as funções cerimoniais

Anteriormente, o Governador-Geral desempenhava a função de agente de quase diplomatas no Canadá. Agora, com a aprovação do domínio, as suas visitas aos países vizinhos destinam-se apenas a fins de boa vontade e de amizade. O estudo definiu que, nas observações de Dawson, "este tipo de interação social entre as duas nações é do interesse comum e baseia-se nas relações bilaterais entre os países vizinhos e essas delegações ocorreram para atingir o objetivo diplomático através da política do domínio. Talvez ele possa ser considerado a pessoa mais ocupada.

L. Roberts afirmou, de forma notável, que o Governador-Geral se encontra com as celebridades nacionais e estrangeiras e assiste às festas da classe de elite nacional e internacional em Otava, a residência oficial do domínio. Concede as honras e as medalhas a personalidades de renome, como heróis. As celebridades também são acolhidas por ele. Pode dizer-se que é o embaixador da boa vontade. Inaugura diferentes instituições, como hospitais, instituições de caridade e estabelecimentos de ensino.

3.12.5 O poder judicial e o Governador-Geral

Os juízes dos tribunais, tanto a nível do domínio como das províncias, são nomeados por ele. O indulto e o perdão são prerrogativas da coroa. Em nome da coroa, o governador usa essa prerrogativa através do perdão e da indulto para qualquer atividade criminosa e as multas e penalidades podem ser remitidas por ele, contra uma pessoa que tenha cometido um crime contra o governo canadiano. O ministro responsável ou o membro do conselho privado também deve ser considerado para obter um parecer sobre este tipo de questões antes da decisão do governador-geral.

3.12.6 A posição do Governador-Geral no sector judiciário

A visão geral do Governador-Geral parece-lhe poderosa e a sua autoridade parece ser um poder gracioso. Mas a realidade muda e é diferente com o passar do tempo. Embora ele apenas considere que actua como governante, é uma posição nominal. Os poderes efectivos são exercidos pelo gabinete. E, normalmente, actua de acordo com os conselhos do ministro do Governo. Anteriormente, era mediador entre o domínio e o Governo britânico, mas atualmente o domínio tem a sua própria missão diplomática no Reino Unido.

O gabinete do domínio nomeia-o e pode dirigi-lo. De acordo com Dawson, "a posição do Governador-Geral é protótipo da coroa; ele é apenas um chefe da constituição. As circunstâncias mudaram enormemente com o passar do tempo e o progresso na legislação da constituição com as reuniões e a convenção. Agora, o Governador-Geral já não é um ditador, mas sim um facilitador; a necessidade de autonomia da nação diminuiu a sua autoridade e a vontade de controlar a democracia do domínio enfraqueceu o seu estatuto. Atualmente, pode parecer uma sombra da sua anterior posição de autoridade. A sua posição é inferior à de Sua Majestade. O seu comando, prestígio e autoridade são menores do que os da coroa do Reino Unido. Também lhe falta o glamour que o rei tem na sua hereditariedade. A rainha da Grã-Bretanha precisa da sociedade do Reino Unido, o que ele não tem. Além disso, também não é um criador de tendências morais e de moda e não é uma celebridade como a Rainha, nem tem tanta influência nos assuntos nacionais e estrangeiros como a

Rainha". Borden observou que "ele é como um Presidente nomeado que raramente se aproxima do sentimento da natureza do povo (Agnes C., 2012).

3.12.7 Conselho Privado

Para facilitar e aconselhar nos assuntos do Governo, o Conselho do Privilégio foi criado com o Ato da Grã-Bretanha para a América do Norte. O cargo de conselheiro é vitalício. Pode não ser considerado como um órgão, mas todas as suas funções são cumpridas pelo gabinete. Assim, o gabinete do domínio pode ser designado como o subcomité do Conselho Privado.

3.13 O GABINETE

O gabinete do partido maioritário eleito no parlamento é considerado o mais poderoso e o mais autoritário com a constituição do Canadá, que inclui os ministros entre os 18 e os 23 anos, juntamente com o primeiro-ministro. É como o protótipo do Reino Unido, que é estabelecido após o concurso de eleição, pelo chefe de estado. O partido com maioria na Câmara é chamado pelo Governador-Geral para formar o governo e os ministérios. Para o efeito, o líder desse partido é convidado a assumir a chefia do governo. É da responsabilidade colectiva do ministro do Governo trabalhar como uma equipa de governo. Em público, as suas divergências não podem ser mostradas. Embora o Primeiro-Ministro eleito tenha liberdade para selecionar a sua equipa de acordo com a sua própria escolha, tem de estabelecer alguns parâmetros para esta seleção, sendo necessária a representação de franceses, católicos e de todas as províncias no gabinete. A representação dos franceses, dos católicos e de todas as províncias é necessária no gabinete. Desta forma, a delegação da representação é conferida a todo o país, o que constitui a beleza do federalismo prevalecente no Canadá.

3.13.1 Poder do Gabinete

O governo canadiano tem o mesmo poder e as mesmas caraterísticas que o governo britânico. Pode ser caracterizado da seguinte forma:

3.13.2 Limitação da política e da sua formulação

O gabinete canadiano é responsável por incorporar as políticas do governo. Dawson observou que "é da responsabilidade do gabinete conceber a política a nível nacional e tomar as iniciativas necessárias da sua liderança para enfrentar os desafios e as necessidades de emergência das circunstâncias actuais e das perspectivas futuras. Estas políticas foram ratificadas pelo parlamento antes da sua aplicação.

3.13.3 Execução de políticas

A política é executada pelo gabinete, que é formado e ratificado pelo parlamento por departamentos de várias naturezas, que são úteis para esse enquadramento.

3.13 ^Coordenação

Os diferentes serviços são coordenados pelo Conselho de Ministros. Para debater e tomar decisões, os funcionários e agentes dos vários serviços reúnem-se com o Conselho de Ministros. Antes disso, o gabinete é responsável pelo bom funcionamento dos assuntos do Estado através da administração.

3.13.581115 Iniciação

Após a sua formulação, o Conselho de Ministros apresenta os projectos de lei ao Parlamento para debate aberto em sessão plenária. Todas as questões e assuntos são dirigidos pelo Primeiro-Ministro.

3.13.581116 política social e sua determinação

A política financeira é formulada e implementada pelo gabinete do domínio. Todos os impostos financeiros anuais e as despesas são decididos pelo gabinete. De acordo com a lei britânica para a América do Norte, os fundos públicos só podem ser gastos após a recomendação do governador-geral e essas recomendações podem ser solicitadas à Câmara dos Comuns para discussão através da mensagem comunicada pelos ministros do Governo. Por conseguinte, o gabinete tem poderes legislativos e executivos do governo, pelo que a verdadeira força de administração para gerir os assuntos do domínio reside no gabinete. O gabinete é o elo de ligação entre o domínio e o Governador-Geral. Teoricamente, o gabinete serve o Governador-Geral, mas, na realidade, é ele que lhe pede o que fazer. Da mesma forma, é um servidor do parlamento, mas as suas diretivas são dirigidas pelo parlamento e podem ser designadas como o mestre do parlamento.

3.13.581117 Ministro

O papel do Primeiro-Ministro é fundamental no governo central. É chefe de Estado, líder do Parlamento, mediador entre o Governo e o Governador-Geral, bem como líder da nação, e protótipos semelhantes. As aspirações nacionais estão associadas à sua personalidade. Greaves observou que o mestre do domínio é o Primeiro-Ministro, enquanto o mestre do país é o domínio.

3.13.581118 Nomeação do Primeiro-Ministro

Embora o Primeiro-Ministro seja nomeado pelo Governador-Geral, não é de todo o poder discreto do Governador-Geral. Após as eleições, o Governador-Geral chama os líderes que obtiveram a maioria na Câmara dos Comuns para ocuparem o cargo de Primeiro-Ministro, juntamente com o seu gabinete, de acordo com a Constituição canadiana. Em seguida, o Primeiro-Ministro apresenta uma lista de ministros que deve ser aprovada pelo Governador-Geral.

3.13.581119 Poderes do Primeiro-Ministro

O verdadeiro homem poderoso do Canadá é o Primeiro-Ministro. As caraterísticas do Primeiro-Ministro eleito são as seguintes

3.13.581120 cção do Gabinete e atribuição de pastas

O gabinete da casa é escolhido por ele. Tem também o poder de pedir a demissão de qualquer membro da equipa do seu gabinete, se considerar que algum deles não está a ter um desempenho satisfatório. Por conseguinte, todo o gabinete se demitiria do parlamento, se ele se demitisse do cargo. Tem também o poder de distribuir os diferentes ministérios pelo seu gabinete e de os remodelar.

3.13.581121 Presidente do Conselho de Ministros

As reuniões do Conselho de Ministros são presididas pelo Primeiro-Ministro. A ordem de trabalhos das reuniões do Conselho de Ministros e os seus debates são também efectuados de acordo com a sua vontade e qualquer recusa da ordem de trabalhos é-lhe conferida. Em caso de empate em qualquer questão, pode emitir o seu voto. Todos os seus ministros trabalham sob o seu controlo e, antes de serem transmitidas, as propostas são-lhe apresentadas para aceitação ou rejeição na reunião do Conselho de Ministros.

3.13.581122 er da Câmara dos Comuns

A Câmara dos Comuns é presidida pelo Primeiro-Ministro. Todos os procedimentos da casa são feitos sob o seu controlo e comando. Pode iniciar e interromper as discussões sobre assuntos importantes, em geral, quando a oposição está a dar um mau bocado aos seus ministros. A Assembleia pode ser dissolvida por seu conselho ao Governador-Geral.

3.13.581123 Conselheiro do Governador Geral

O Primeiro-Ministro assiste o Governador-Geral e informa-o sobre as questões importantes e os procedimentos da Câmara e informa-o sobre as decisões tomadas na Câmara, aconselhando-o igualmente a utilizar as suas prerrogativas. O Senado pode ser designado como o canal de comunicação do Governo com o Governador-Geral.

3.13.581124 parlamento de Dominion

A verdadeira essência do federalismo pode ser vista no parlamento canadiano, que é constituído por Sua Majestade, pela Câmara dos Comuns e pelo Senado. Sua Majestade é representada pelo Governador-Geral. O Governador-Geral desempenha um papel no parlamento como formalidade no processo legislativo. As funções e as caraterísticas do Senado e da Câmara dos Comuns são completamente diferentes umas das outras.

Teoricamente, os poderes do Senado e da Câmara dos Comuns são os mesmos. No que diz respeito aos poderes efectivos e reais, o papel da Câmara dos Comuns é predominante e o Senado funciona como seu subserviente. Os democratas sempre exigiram que o senado trabalhasse como um corpo de resistência e não como um corpo de persistência.

Por isso, o mérito é sempre do Senado pelo seu comportamento de cooperação mútua, e não de confronto com a Câmara dos Deputados. Por conseguinte, o projeto de lei só pode ser transformado em lei quando as três entidades do Dominion - o Parlamento, o Governador-Geral, a Câmara dos Comuns e o Senado - se unirem e trabalharem em conjunto. As questões que se seguem são debatidas no parlamento;

A constituição canadiana foi alterada pelo parlamento, com exceção de certas condições: desemprego e emergência em determinadas condições; propriedade, tributação, comércio, forças nacionais, comércio, questões monetárias, análise estatística, dívida pública, serviços postais, defesa, pescas, salários dos funcionários públicos, transportes marítimos, bancos, moeda, leis penais, navegação, cunhagem, divórcio, concursos públicos, casamentos, pesos e medidas, falência. Para além disso, as leis agrícolas e as leis relativas à imigração também podem ser legisladas no parlamento quando e onde for necessário, sob determinadas condições, com a legislação provincial. Se houver algum tipo de conflito entre o domínio e as províncias, a legislação federal será aplicável. As prestações por velhice também são fixadas pelo parlamento canadiano. Por conseguinte, este processo legislativo não entra em conflito com a jurisdição das leis provinciais.

3.13.581125te e sua composição

Inicialmente, o Senado era composto por 72 membros, mas após a inclusão das novas províncias, os seus membros passaram para 102. As representações de todas as províncias não foram estabelecidas de forma igual. Vinte e quatro membros são enviados das províncias do Quebeque e do Ontário, cada uma. As províncias de New Brunswick e Nova Scotia enviam 10 membros para o Senado cada uma. Quatro membros da província de Edward Island são enviados para o Senado. As províncias de Manitoba, British Columbia, Alberta e Saskatchewan enviam seis membros cada uma para o senado. Com base nas recomendações do Governador-Geral, a Rainha pode aumentar o número de membros do Senado até 8, mas o número total de membros do Senado não deve ser superior a 110.

Estes membros são nomeados vitaliciamente com base nas recomendações do Governador-Geral e após consulta do Primeiro-Ministro. Por exemplo, o Dr. Keith afirmou que os antigos membros do partido são recompensados com a honra de serem membros do Senado. Os senadores são nomeados pela base do partido (David E. Smith, 2003).

3.13.581126 e dos Comuns

Foi escrito na lei britânica para a América do Norte de 1867, que os membros da Câmara dos Comuns seriam 181. Mas com o aumento da população, estes membros passaram para 265. Com a idade de 21 anos, todos os cidadãos canadianos, homens ou mulheres, têm direito de voto.

De acordo com a lei britânica para a América do Norte, foram estabelecidos os critérios de qualificação necessários para o candidato às eleições. O candidato à eleição deve ser cidadão do Canadá e ter, no mínimo, 21 anos de idade. Um membro da Câmara dos Comuns recebe um salário de 10.000 dólares por ano. Além disso, tem direito a 21 dias de ausência por ano da casa.

(CorinnaA. W. Pike, 2011).

3.13.581127 Oposição

A Constituição do Canadá atribui um lugar de destaque à oposição. O 2nd maior partido, cujo total de membros é de 2nd na casa como partido, ocupa oficialmente a posição de oposição.

A oposição pode formar o seu próprio governo se conseguir derrubar o governo e o líder da oposição pode ser nomeado primeiro-ministro do seu governo. Anteriormente, o líder da oposição não tinha direito ao seu estatuto de acordo com a constituição do Canadá, segundo a lei britânica para a América do Norte. O líder da oposição da casa foi reconhecido nos estatutos da constituição canadiana. O salário do líder da oposição é pago regularmente. De acordo com a Constituição canadiana, um líder da oposição que detenha a força de 12 membros ou mais, do partido da oposição, recebe anualmente um subsídio por cada um desses membros. (David E. Smith, 2013)

3.13.581128 Presidente da Câmara

Após a eleição geral, o Governador-Geral convoca a sessão da Assembleia. O Governador-Geral presta juramento aos membros eleitos da Assembleia.

Em seguida, os membros eleitos da assembleia procedem à eleição do presidente da assembleia. Normalmente, o presidente da assembleia é nomeado pelo partido com maioria na assembleia e o seu nome é transmitido pelo primeiro-ministro do partido no poder, juntamente com o seu gabinete.

Os partidos da oposição também podem, invariavelmente, aprovar o nome do orador. O Presidente da Câmara detém o poder de intervenção da Câmara. É ele que preside à assembleia. É ele que realiza as sessões do Parlamento. O principal dever do presidente da assembleia é manter o decoro da assembleia. Os membros do partido da oposição podem colocar-lhe diferentes questões e o partido e o seu gabinete, juntamente com o Primeiro-Ministro do Governo, são responsáveis por responder a essas questões sob a presidência da assembleia. Qualquer resolução pode ser apresentada a ele para discussão na assembleia.

Pode impedir qualquer membro de violar as regras da assembleia, interferindo na sessão de conversação. O código de conduta é estritamente respeitado pelo presidente da assembleia. Mantém o prestígio e o bem-estar da assembleia. Também pode ser considerado como o guardião da casa. Tem também o poder de votar no plenário, se a questão em curso estiver em situação de empate (Richard, 2012.)

CAPÍTULO 4
RESULTADOS E DISCUSSÃO

Foi efectuada uma análise comparativa sobre a política e o quadro histórico do Canadá e da Austrália e discutidas as caraterísticas de ambas as sociedades irmãs da Austrália e do Canadá. A análise destacou os primeiros anos do federalismo do Canadá, de 1864 a 1880, e do federalismo australiano, de 1897 a 1914, para compreender o quadro histórico do federalismo. Foram explorados os acontecimentos e os desenvolvimentos dos primeiros anos do federalismo canadiano e australiano e do processo de governação, tendo sido descrito o percurso das diferentes fases e áreas de crescimento do desenvolvimento da constituição e os esforços envidados por ambos os países para enfrentar os desafios e os problemas com as suas instituições intergovernamentais e a distribuição do poder entre as suas unidades. Definiu também a contribuição dos pais fundadores de ambos os Estados, Austrália e Canadá, para a criação de um Estado federal forte e para a luta pela união das províncias com as federações. A investigação explorou o facto de os primeiros anos de ambos os países como federação não terem sido muito impressionantes e de se terem registado muitas questões e problemas no processo governamental e de se ter observado falta de autonomia provincial, o que causou perturbações nas funções e relações do Centro e das suas unidades. A investigação também efectuou uma análise comparativa do sistema de governo de ambos os países como Estados federais.

Considerando que a Constituição do Estado diz respeito a cada Estado, este foi autorizado a formular a sua própria Constituição, sujeita à sua própria jurisdição e à da Constituição específica do Estado em causa. É dever do Estado regulamentar e prestar serviços de natureza importante ao público em geral, como a saúde, a educação, a manutenção da lei e da ordem, a habitação e os transportes públicos em geral, para que as necessidades do cidadão comum possam ser satisfeitas. No entanto, a Constituição do Estado pode ser lida com referência ao contexto da Constituição da Austrália, onde alguns poderes foram atribuídos exclusivamente ao Parlamento da Commonwealth.

Examinou o sistema político da Austrália quando as reformas constituíam a agenda política das relações federais no seio das unidades australianas. A investigação definiu as caraterísticas teóricas e os princípios da federação australiana e apresentou uma visão comparativa, avaliando as suas funções e parâmetros. A investigação destacou o sistema judicial, especialmente a abordagem do Supremo Tribunal para explicar e interpretar a Constituição e a sua influência nas relações federais. A investigação elaborou uma visão crítica do sistema de justiça e das funções dos tribunais superiores que, na prática, causaram mal-entendidos nas relações entre o centro e as províncias. O estudo do sistema político destes países forneceu os prismas únicos para reformar o sistema australiano no sentido de reformas completas. A investigação examinou as reformas fiscais, a descentralização e as reformas macroeconómicas e o seu desempenho do federalismo australiano.

Os australianos não têm estado mais tempo conscientes de qualquer relação particular com o Canadá. Mas durante as melhorias políticas e constitucionais em 19th século a Austrália tem seguido os passos como feito nas colónias canadianas. Foi devido ao Canadá que o governante do governo britânico aprendeu que como estabelecer as relações com as colónias com sucesso. Houve uma concessão para o tipo de governo responsável que foi feita na Nova Gales do Sul em 1856 na colónia australiana. As restantes colónias australianas obtiveram a sua federação em 1900. Na Constituição da Austrália, muitas disposições foram introduzidas e emprestadas à Constituição do Canadá.

Em comparação com o federalismo no Canadá, que é a federação mais profunda e racional devido à sua diversidade cultural, entre outros países federados do mundo. No entanto, existem certos problemas e questões nas regiões e conflitos sobre a política económica e a representação, como é o caso do Quebeque, que é a força motriz da descentralização e da construção de províncias. O bilinguismo oficial não foi estabelecido com base no princípio territorial. Desde as duas últimas décadas, foram realizados três referendos no Quebeque para a separação e uma revisão constitucional, tendo já falhado duas tentativas de reconciliação no Quebeque relacionadas com o resultado da revisão.

Todos os sistemas de federalismo se baseiam em três tipos de divisão de poderes, que são os poderes do governo federal, os poderes das unidades subnacionais e os poderes partilhados ou concorrentes. Os poderes partilhados são extensos no reconhecimento e são complexos para a interdependência do sistema político moderno. Na constituição do Canadá, existem dois níveis de governo com uma longa lista de poderes exclusivos. O poder partilhado, por outro lado, é curto. No Canadá, cada nível do governo está autorizado a desempenhar tarefas e a ter poderes exclusivos para o processo legislativo. Este facto foi ultrapassado na legislação em que os poderes residuais foram atribuídos ao governo federal e não ao nível regional do governo. Os poderes residuais foram estipulados sem quaisquer qualificações que necessitassem de ser interpretadas nas constituições da maioria dos países federais, mas, de acordo com a fórmula canadiana, estes poderes foram baseados em tais qualificações, sendo o parlamento responsável pela elaboração de leis que garantam a paz e a ordem da boa governação, sendo apenas proibidos no que diz respeito a questões de natureza local e privada. Por conseguinte, este tipo de actos veio aumentar a confusão e os conflitos entre as províncias, as regiões, os territórios e o centro. O sistema federativo australiano em termos de governação está em mudança. A mudança deve-se ao mundo globalizado. O debate da década teve lugar em torno de diferentes possibilidades e reformas institucionais. Foi salientado que foram observadas mudanças dramáticas na distribuição de poderes e na partilha de responsabilidades entre o centro e as autoridades locais. No federalismo australiano, as responsabilidades locais estão a aumentar de dia para dia. Este é um sinal de boa governação a nível local na sociedade australiana.

A construção e o quadro institucional do governo australiano foram escolhidos a partir do federalismo canadiano. O Canadá combina a divisão vertical do poder no federalismo. Existe um compromisso constitucional para os dois órgãos legislativos, sendo cada divisão de poderes responsável pelas tarefas mais administrativas no domínio e na jurisdição das autoridades legislativas. De acordo com os princípios da divisão de poderes, esta tem sido partilhada por ambas as divisões, em particular no sistema federal do Canadá, onde a participação do governo estadual não é formalmente efectuada na legislação federal. A razão é que o governo responsável e o gabinete a ambos os níveis e as relações intergovernamentais se assemelham à experiência canadiana da politização a alto nível das conferências, mais do que ao labirinto pragmático do intergovernamental.

O estudo definiu o federalismo canadiano com os seus problemas e obstáculos no quadro operacional da Constituição. De acordo com o estudo, os jogos de poder e a estratégia do governo central para obter mais poderes são bem sucedidos, mas, por outro lado, a federação corre um risco elevado. A investigação salienta que, se o governo central ganhar tantos poderes, a federação tornar-se-á pouco clara e incerta. Há quatro salvaguardas do Estado federal que se processam como a estrutura, o sistema judicial, a cultura social e o partidarismo. Os partidos políticos e o sistema partidário integraram a negociação de locais para os direitos e poderes da unidade. No Canadá, o sistema federal está a funcionar desde 1867 e, em comparação com a Austrália, as unidades federadas no Canadá não estão a funcionar como um mecanismo institucional. O Acordo de Meech Lake definiu as alterações constitucionais de 1982, que criaram condições complexas e as reformas de 1982 não resolveram as questões e os problemas relacionados com o federalismo da federação canadiana, pelo que estas reformas foram consideradas as piores. As eleições de 1985 no Quebeque e a reunião intergovernamental, que criaram cinco condições devido aos confrontos entre o Quebeque e o Canadá inglês após o Acordo de Meech Lake de 1982, nunca foram ratificadas por dez unidades provinciais. O Acordo de Charlottetown foi a tentativa do Primeiro-Ministro Mulroney, após o fracasso do Acordo de Meech, de resolver os problemas do federalismo no Canadá. O pacto de Charlottetown foi mais social do que o acordo de Meech.

Anteriormente, os poderes atribuídos às províncias eram limitados e, com o passar do tempo, o Canadá tornou-se o país mais federado do mundo e os poderes são mais descentralizados em comparação com a Austrália. Isto deve-se às decisões independentes do poder judicial a favor das províncias, à verificação dos direitos das províncias e à expansão das políticas sociais, que é a maior responsabilidade das províncias canadianas. A essência nacionalista do Quebec também favorece o incentivo à descentralização, que tem beneficiado as demais províncias.

Aparentemente, existe a necessidade de coordenação e de compromisso no Canadá, em comparação com a Austrália. É igualmente necessário partilhar os interesses no âmbito da união aduaneira. Este facto realçou a necessidade de um debate constitucional e de reformas na Constituição australiana e apresentou sugestões de reformas. É também necessária uma nova constituição, colocando a questão de saber se o povo australiano precisa de uma nova constituição. A declaração de direitos da nação australiana exprime os direitos básicos e os direitos humanos do povo, os direitos legais e o direito de voto e de participação na política. Também foi discutido o equilíbrio entre a declaração de direitos e o sistema federal dos países. Foram explorados os deveres dos tribunais e alguns parâmetros para a concessão de direitos aos cidadãos. A liberdade das pessoas é expressa através da declaração de direitos na Austrália. A investigação centrou-se na cultura e no povo e nos seus valores tradicionais e na relação entre o povo e o governo no sistema político australiano. A investigação também explorou o sistema judicial e os direitos legais das pessoas, referindo as decisões importantes dos tribunais australianos. Discutiu os direitos humanos dos cidadãos da Austrália e do Canadá e efectuou uma análise comparativa destes Estados. Descreveu os diferentes aspectos da declaração de direitos destes países e a sua aplicação no seu sistema político.

CAPÍTULO 5
RESUMO

Nesta investigação, é discutido o modelo de federalismo na Austrália e no Canadá, o sistema de governação e organização e a política partidária. A investigação também explorou a história do federalismo através das diferentes fases em que a Austrália e o Canadá foram criados. A investigação mostrou também que o federalismo faz atualmente parte do problema democrático e deve ser abordado. Examinou o sistema federal, as suas origens e caraterísticas e as referências das democracias na Austrália e no Canadá. A investigação aborda o debate sobre o federalismo de auditoria e a participação da auditoria democrática no Estado e na democracia australianos e canadianos. A investigação também discutiu a mudança da auditoria democrática e as medidas adoptadas através da mudança social. O estudo dividiu as origens do federalismo australiano e canadiano em duas partes, as origens realistas e as origens idealistas, e forneceu pormenores completos sobre as caraterísticas destas duas partes. O estudo salientou igualmente a complexidade democrática e o sistema federal, o Estado de direito e as suas implicações, os níveis de poder de decisão, os mecanismos de liderança e o quadro estrutural do federalismo australiano e canadiano. Este estudo é útil para explorar as caraterísticas e os problemas de um Estado federal no processo democrático.

A investigação centrou-se no federalismo canadiano e nas relações interprovinciais, no federalismo na Austrália e no Canadá e nos assuntos das monitorias no sistema de federação. A investigação destacou a distribuição do poder, a autonomia provincial, os direitos das monitorias e a economia da Austrália e do Canadá, com referência aos seus aspectos sociais. A investigação elaborou as relações do governo federal com os intergovernos e com as províncias e os estados na Austrália e no Canadá. A investigação também indicou as políticas económicas do Canadá e os recursos económicos. Descreveu os problemas e as dificuldades de gestão no sistema político da Austrália e do Canadá. A discussão e os resultados de toda a investigação sobre o federalismo na Austrália e no Canadá e sugeriu medidas para melhorar o sistema através de reformas. Este estudo está profundamente ligado ao meu trabalho de investigação e ajudará a compreender o sistema federal australiano e canadiano e a sua análise comparativa do sistema político desenvolvido e das suas caraterísticas, o que permitirá melhorar a essência do federalismo nos países em desenvolvimento.

A cultura política no cenário do Canadá inglês e francês tem as suas incompatibilidades. O canadiano inglês dá mais ênfase ao liberalismo individual do que à tendência para considerar o federalismo como um instrumento estrutural de promoção e inibição das aspirações individuais. O liberalismo individual do franco-canadiano também é forte, mas é complementado e tem a tendência para a forte aspiração à integração regional. O federalismo é aceite por eles como um meio de promover a identidade individual juntamente com a oportunidade colectiva, o que se deve a esta atitude acomodatícia de ambivalência em que o Canadá tem estado até agora alheio ao federalismo cultural.

O Canadá e a Austrália têm muitas semelhanças nas funções do seu tipo de governo. Cada país é membro da Commonwealth britânica e a forma de governo também é a mesma. O governo do Canadá é funcional e está a ser gerido como um sistema federal democrático. Neste caso, existem duas formas de sistema a vários níveis que gerem o governo, sendo que o sistema federal abrange toda a nação. E o sistema provincial que se ocupa dos assuntos a nível local, regional e provincial. No Canadá, o chefe do governo é paralelo ao chefe do Estado, sendo o primeiro-ministro o chefe do governo e o governador o chefe do Estado, de acordo com a Constituição do Canadá. A Austrália tem muitas semelhanças com o Canadá.

Ao estudar o sistema federal do Canadá e da Austrália, foram adoptadas várias caraterísticas um do outro, ao passo que as colónias fundadoras nunca vacilaram no compromisso com o parlamento e o seu governo, que é a principal fonte de legitimidade política. Foi designada como a recém-criada comunidade política conjunta da Commonwealth da Austrália em vez dos Estados Unidos da Austrália. Devido à sua população mais numerosa e à tendência para uma base homogénea, o caso australiano pode ser designado por federalismo puramente territorial. De facto, a federação não foi criada para satisfazer a necessidade de acomodar as diferenças inter-regionais e culturais, mas para proporcionar as vantagens do interesse comum, o que resultou num governo central limitado.

O federalismo no Canadá significou o enfraquecimento da supremacia do parlamento maioritário para governar entre as províncias com um governo federal forte que se baseou na regra da maioria no próprio parlamento. Após a confederação, em 1867, as províncias obtiveram as suas entidades jurídicas maioritárias. O objetivo era chegar a um acordo político entre o Canadá inglês e o Quebeque, tentando assim chegar a uma incorporação política entre os territórios ocidentais. Em comparação com a Austrália, que obteve o seu estatuto de federação em 1901 e existia também como colónia autónoma do Império Britânico.

O Canadá, por sua vez, foi criado pela diversidade bicultural dos ingleses e dos franceses e desenvolveu as suas políticas num âmbito mais multicultural.

Os poderes específicos foram conferidos às províncias do Canadá de acordo com a lei britânica norte-americana com a sua secção 91 e 92 que são equivalentes ao nível do estado e foram autorizados os poderes residuais para o domínio que também são equivalentes ao da commonwealth. Isto deve-se ao facto de os autores da constituição da Austrália terem pensado que, na constituição canadiana, a atribuição de tais poderes residuais ao governo central significaria que o governo central seria muito mais forte do que o das províncias, enquanto a comparação do equilíbrio de poderes diz respeito aos dois níveis diferentes do governo.

CONCLUSÃO E RECOMENDAÇÕES

Na Constituição da Austrália, os poderes legislativos foram conferidos à Commonwealth. Estes poderes foram estabelecidos na secção 51 da Constituição, que inclui a defesa e os assuntos externos a nível internacional, as empresas e os serviços postais, bem como os sectores das telecomunicações.

Conforme mencionado na Constituição, na secção 51, o número de poderes foi atribuído aos Estados e à Commonwealth concomitantemente. Foi claramente mencionado na constituição que o estado e a commonwealth estão ambos autorizados a legislar as suas leis de acordo com a sua jurisdição e se houver algum tipo de inconsistência entre si ao fazer a lei, então a commonwealth seria substituída pela do estado. Considerando que áreas como os poderes do comércio, os poderes das corporações e o poder de transferir fundos para os estados, que não estão enumerados na secção 51, e a Commonwealth estão autorizados a intervir nos assuntos do estado.

O federalismo canadiano baseia-se no modelo de democracia parlamentar do tipo Westminster. Durante os primeiros tempos da sua criação, a federação do Canadá estava no auge da centralização. Para além da constituição australiana, a constituição canadiana estabelece os poderes autorizados às províncias, nomeadamente em matéria de educação. Há poderes que são confiados ao governo federal, como a defesa, ao contrário da Austrália, onde não existe um departamento federal para a educação. Há também um pequeno número de poderes como a agricultura que é partilhado entre os dois níveis do governo.

Houve duas transferências fiscais do governo canadiano: uma é a transferência para a saúde e a outra é a transferência social, em que o governo canadiano apoiou a saúde e os projectos sociais que são administrados e controlados pelas províncias. Existe também o programa de pagamento de equalização, que foi mandatado e aprovado pela constituição, em que os pagamentos foram atribuídos às regiões menos privilegiadas e menos prósperas, de modo a garantir a comparação dos seus serviços com os das províncias mais privilegiadas e prósperas, numa escala de compatibilidade razoável e nível de tributação comparável. Esta equalização dos pagamentos é a única receita a considerar e não conduz às necessidades de despesas com as províncias. Os territórios externos do Canadá têm o programa separado que tem sido reconhecido tanto a receita como as necessidades de despesas.

O federalismo parlamentar no Canadá é considerado o caso mais indiscutível, uma vez que não existe uma separação horizontal dos poderes a nível do governo de ambos os lados. No caso das províncias do Canadá, as maiorias parlamentares unicamerais devem ser consideradas. No entanto, existe um processo de governo bicameral a nível da Câmara dos Comuns e do Senado, mas é um círculo limitado. O governo eleito é nomeado com base numa representação regional quase igual. Além disso, os senadores são nomeados vitaliciamente, com a condição de se reformarem quando atingirem a idade de 75 anos. Nesta prática, os membros do Senado raramente se opõem aos projectos de lei aprovados pela Câmara, o que constitui uma prova clara de legitimidade política.

O Canadá tem uma legislação bicameral incompleta que se assemelha à Câmara dos Lordes britânica, o que deixa a federação do Canadá sem uma forma razoável e responsável de representação regional em ambos os lados do Senado e do Conselho a nível do governo federal. No plano formal, existem dois níveis de governo que funcionam com base no princípio da divisão do poder, enquanto o plano informal preenche a lacuna das relações intergovernamentais, que ocorrem nas conferências altamente politizadas dos primeiros-ministros. Os problemas e os conflitos foram abordados de forma pragmática na governação conjunta e os debates acalorados foram conduzidos e discutidos neste fórum da política de poder e da distribuição do poder.

Não é de admirar que o estilo de elaboração de políticas no Canadá seja competitivo. Neste caso, houve duas visões de concorrência da federação: a federal e a regional. Existem quatro visões no Canadá. Uma delas é a visão central canadiana, que consiste numa cooperação limitada entre Otava e as províncias, em que o governo federal e o Ontário partilham uma base tradicional. Os três principais partidos desempenharam um papel vital no processo de legislação nacional. O segundo é o partido separatista, que concorre às eleições apenas na região do Quebeque. O terceiro é o novo partido conservador, que tem as suas ideologias ocidentais em tom exagerado. Na realidade, é preciso argumentar que este tipo de configuração partidária fornece a expressão representativa quase perfeita do estado fragmentado da federação do Canadá.

De acordo com uma opinião, os australianos foram empurrados para a federação pela administração colonial britânica, cansada de lidar com as seis colónias separadamente. Em termos geopolíticos, em comparação com os canadianos, que estavam habituados a viver no pequeno canto de um vasto espaço continental na era da federação, a maioria dos australianos não o fez. O federalismo da Austrália tem algo de único quando comparado com o do Canadá. Para além das eleições, que são uma mistura de disposições institucionais, há a competição partidária, que é a principal causa dos conflitos no cenário político. Por conseguinte, as vozes dos diferentes partidos são diferentes e variam na federação e entre as diferentes regiões e entre os dois níveis diferentes do governo. Ao estudar o federalismo no sistema australiano, a principal linha de conflito é o conflito entre os principais partidos do país, que têm a sua visão sobre o federalismo. No entanto, a unidade canadiana é preservada, mas o federalismo, na sua natureza, parece continuar a ser um conceito contestado na Austrália.

Quando o partido conservador utilizou a sua maioria no senado para derrubar o governo trabalhista, recusando-se a autorizar o orçamento, foi amplamente assumido que as crises de legitimidade no parlamento, com a maioria e a posição dominante, levaram à conclusão de que o partido não tinha o problema do federalismo. Embora ainda não tenha acontecido no Canadá, de acordo com as aspirações dos autores da constituição da Austrália, a autoridade federal australiana alargou suficientemente os seus poderes utilizando as secções 51 e 96 da constituição da Austrália.

Todos os actos foram aprovados pelo parlamento britânico na altura da federação dos países da Austrália e do Canadá. Assim, este ato da lei britânica norte-americana não pode ser considerado como um modelo de alteração. Este projeto foi aprovado para discussão após a realização do referendo na Austrália, para que possam ser feitas reformas e o parlamento da Austrália possa prosseguir sem a interferência dos britânicos. De acordo com a lei do Canadá de 1982, foram tomadas disposições para as alterações no Canadá. Estas disposições são complexas e sujeitas a restrições. No processo de tais alterações, foi necessária a concordância do parlamento federal e do parlamento provincial. Nalguns casos, todas as províncias devem concordar com essas alterações. Noutros casos, são necessárias duas maiorias de dois terços das províncias, juntamente com as províncias onde a população é de 50%. Além disso, não é necessário qualquer referendo no Canadá, mas em casos excepcionais o referendo é obrigatório nas províncias para a legislação e para a alteração da Constituição.

Os membros do Senado do Canadá são nomeados com o consentimento do governo federal e podem exercer as suas funções até aos 75 anos de idade, desde que não tenham sido eleitos nem se apresentem de novo para serem nomeados. Em casos normais, não há este tipo de oposição no Senado ao projeto de lei aprovado pela Câmara dos Representantes, mas isso também acontece em casos raros. O Senado da Austrália é um fórum eleito que se confronta frequentemente com a Câmara dos Comuns. No Canadá, quando se verifica um impasse entre o Senado e a Câmara dos Representantes, há a possibilidade de nomear senadores adicionais em número de oito, mas isso nunca aconteceu.

Na Austrália, a Rainha é a chefe de Estado. Para representar a majestade, foi nomeado um governador. Os cidadãos australianos são obrigados a votar e, em caso de incumprimento da Constituição, têm de enfrentar as consequências de uma acusação grave. A Austrália adoptou o método do voto secreto e utiliza o sistema de voto preferencial. O partido vencedor das eleições tem de obter 50 % dos votos e um voto. A Austrália tem também a questão do debate sobre a monarquia. Existe um movimento na Austrália que pretende substituir o estatuto existente no país. A principal diferença entre os dois países é o facto de o Canadá ter adquirido a sua independência do monarca britânico em 1982, enquanto a Austrália ainda está sob a influência dos britânicos. Muitas coisas devem ser mudadas, como o senado e a redundância de funcionamento.

O senado não representa todas as nações, o que está na origem do conflito entre o Ontário e o Quebeque. A outra questão é o sistema de votação prevalecente no eleitorado no Canadá, onde o partido vencedor pode ser o mais oposto ao das aspirações das pessoas.

Tem as vantagens do sistema proporcional de representação. De acordo com este sistema, o partido que obtiver o maior número de votos é elegível para obter o número de lugares no parlamento. Este sistema australiano pode ser adotado para que os assuntos do governo possam ser geridos sem problemas.

REFERÊNCIAS

Amoretti, U. M., & Bermeo, N. G. (2004). *Federalism and Territorial Cleavages*. Maryland: The John Hopkin University Press.

Appleby, G. (2009). *Proporcionalidade e federalismo: Can Australia learn from the European Community, the US and Canada*. Canadá: University of Tasmania Press.

Aroney, N. (2009). *The Constitution of a Federal Commonwealth: the making and meaning of the Australian Constitution*. Canadá: Editora Sega.

Austrália, G. o. (2013). *A forma do Senado*. Recuperado em 24 de junho de 2015, de Party for freedom: https://www.partyforfreedom. org. au/wp-content/ uploads/ 2014/07/ The-shape-of-the- Senate.jpg

Bannister, G. J., & Mc.Donld, , B. J. (2000). *Trade policy in Financial Services by*. Genebra: Fundo Monetário Internacional.

BCA. (2006). *Reshaping Australia's Federation: a new contract for Federal-State relations*. Melbourne: Conselho Empresarial da Austrália.

Beattie, P. (2002). *O desafio imediato da reforma do COAG*. Austrália: Conselho Nacional do Instituto de Administração Pública da Austrália.

Bede, H. (2002). *A New Constitution for Australia*. Londres: Cavendish Publishers Ltd.

Bousfield, D. (2013). *Canadian Foreign Policy in an Era of New Constitutionalism [Política Externa Canadiana numa Era de Novo Constitucionalismo]*. Nova Iorque: Taylor and Francis Pubishers.

Brian Galligan, Politics of the High Court : a study of the judicial branch of government in Australia (St Lucia: University of Queensland Press, 1987). (n.d.).

Brian Gilligan, J. R. (1997). *New Developments in Australian Politics*. Massachusetts, EUA: Harvard University Press.

Broschek, J. (2007). Federalismo e mudança política: Germany and Canada in Historical-Institutional list Perspective. *Canadian Journal of Political Science, Canadá*, 45-78.

Brown, A. J., & Bellamy, J. A. (2007). *Federalismo e regionalismo na Austrália: New Approaches, New Institutions*. Syndney: Australian National University E Press.

Burgess. (2006). *Comparative Federalism: Theory and Practice*. New York: Taylor & Francis Publishing Group.

Cameron, D. (2009). *The Paradox of Federalism: Some Practical Reflections*. Nova Iorque: Taylor and Francis Publishers.

Canadá, G. o. (2011). *Federalismo*. Recuperado em 24 de junho de 2015, de Paanluelwel 2011: https ://paanluelwel2011 .files.wordpress.com/2014/06/federalisml .jpg

Canadá, G. o. (2014). *Divisão constitucional do poder*. Recuperado em 24 de junho de 2015, de images.slideplayer: http://images.slideplayer.com/16/4977399/slides/slide_67.jpg

Cyr, H. (2009). *O federalismo canadiano e os poderes do Tratado*. Bruxelas, Alemanha: P.I.E.Peter Lang S.A. Editions Scientifiques Internationales.
Diagrama. (2008). *Dictionary of Unfamiliar Words,*. Londres: Diagram Visual Information Limited.
Dimitrios Karmis, W. N. (2005). *Dimitrios Karmis, Wayne NormanTheories of Federalism: A Reader*. Vancouver: University of British Columbia Press,.
Dimitrios Karmis, W. N. (2005). *Theories of Federalism: A Reader*. Vancoure, Canadá: University of British Columbia Press. division, I. (1988). *Reference paper no.113*. Ottawa: departamento de assuntos externos.
Elazar, D. J. (1987). *Exploring Federalism*. Albânia: University of Alabama Press.
Eric Montpetit. (2008). *Easing Dissatisfaction with Canadian Federalism: ThePromise of Disjointed Instrumentalism*. Montreal: University of Montreal Press Canada.
Farlix. (2012). *Coleção de Clipart Farlix* . Princeton: Farlix In.
Fenna, A. (2007). *The Malaise of Federalism: comparative reflections on Commonwealth-State Relations*. Nova Iorque: Alan & Fenna Co.
Fenna, A. (2012). The Character of Australian Federalism, *e Journal of Tax Research,* 4-67.
FitzGerald, R. G. (2002). *Review of Commonwealth-State Funding ,The Grants Commission and the Future of the Federation*. Melbourne: Christian Porter.
FitzGerald, R. G. (2002). *The Grants Commission and the Future of the Federation (A Comissão de Subsídios e o Futuro da Federação)*. Melbourne: Review of Commonwealth-State Funding.
Forsey, E. A. (2003). *How Canadian Govern Themselves*. Canadá: Editora da Biblioteca do Parlamento.
G.Pryke, K. (2003). *Profiles of Canada (Perfis do Canadá)*. Ontário: Canadian Scholars Press.
Gabriel A. Almond, B. P. (2010). *Comparative politics today A world view*. Califórnia: Pearson Publishers.
Gabrielle Appleby, N. A. (2012). *O futuro do federalismo australiano: Comparative and Interdisciplinary*. Nova Iorque: Cambridge University Press.
Gagnon, A.-G. (2009). *O federalismo canadiano contemporâneo: Foundations, Traditions, Institutions*. Canadá: University of Toronto Press, Toronto.
Galligan, B. (1987). *Politics of the High Court: a study of the judicial branch of government in Australia*. Queensland Press: University of Queensland Press.
Galligan, B., & David Mardiste. (1992). Labor's Reconciliation with Federalism. *Australian Journal of Political Science*, 23-50.
Gallop, G. (2011). *How Healthy is Australian Federalism?* Camberra: Série de Palestras no Parlamento.
Governo, A. (2013). *Reforma da Federação*. Recuperado em 24 de junho de 2015, de Recuperado de Livro Branco da Reforma da Federação: https://federation.dpmc.gov.au
GST. (2012). *Revisão da distribuição do GST*. Camberra: Departamento do Tesouro.
Guldi, E. J. (2008). *The Road to Rule: The Expansion of the British Road Network, 1726-1848*. Califórnia: ProQuest LLC.
Harcourt, H. M. (2011). *Dicionário da língua inglesa*. Maryland: American Heritage Publishing Company.
Harwood, J. (2010). Federal Implications of Northern Territory Statehood (Implicações Federais do Estado do Território do Norte). *Australian Journal of Public Administration*, 2-34.
Harwood, J. (2010). Federal Implications of Northern Territory Statehood (Implicações Federais do Estado do Território do Norte). *Australian Journal of Public Administration*, 2-34.
He, B., Brian Gilligan, & Takashi Inoguchi. (2009). *Federalism in Asia*. REINO UNIDO: Edward

Elgar Publishing.
Heritage, A. (2011). *Dictionary of the English Language (Dicionário da língua inglesa)*. Londres: Houghton Mifflin Harcourt Publishing Company.
Hodgins, B., Don Wright, & Welf Heick. (2010). *Federalism in Canada and Australia: The Early Years*. Canadá: Wilfrid Laurier Universty Press, Ontário.
J.Elazar, D. (2001). *Exploring Federalism*. E.U.A.: The University of Alabama Press.
J.Ward, A. (2014). *Parliamentary Government in Australia (Governo Parlamentar na Austrália)*. Londres: Anthem Press.
Jackson. (2001, 06 24). *Federalismo no Canadá: Basic Framework and Operation*. Recuperado de Maple leaf Web: http://mapleleafweb.com/features/federalism-canada-basic-framework-and-operation
Jackson. (2001). *Federalismo no Canadá: Basic Framework and Operation*. Obtido em 24 de junho de 2015, de Federalism in Canada: http://mapleleafweb.com/features/federalism-canada-basic-framework-and-operation
John Loughlin, J. K. (2013). *Handbook of Regionalism & Federalism (Manual de Regionalismo e Federalismo)*. Nova Iorque, EUA: Taylor and Francis Press.
Johnson. (2014). *Verrelli*. Recuperado em 24 de junho de 2015, de www.cpsa-acsp.ca:http://www.cpsa- acsp.ca/papers-2005/V errelli.pdf
Joyal, S. (2003). *Protecting Canadian Democracy*. Toronto, Canadá: McGill Queen's University Press.
Jurgen Rose, J. C. (2001). *Federalism and Decentralization (Federalismo e Descentralização)*. EUA: Palgrave.
KC.Wheare. (1964). *Federal Government*. Nova Iorque, E.U.A.: Oxfored University Press.
Kennedy. (1938). *A Constituição do Canadá*. Canada: Oxford University Press.
Laut, A. C. (2012). *A Commonwealth canadiana*. Gemany: Tredition Gmb H Publishers.
Lefroy, A. H., & Kennedy, W. P. (2007). *A Short Treatise on Canadian Constitutional Law*. Nova Iorque, E.U.A.: The Law Book Exchange Ltd.
Lynch, A. (2012). *Federação de amanhã: reformando o governo australiano*. Leichhardt: Leichhardt NSW: Federation Press.
Marson, H. a. (2005). Canadian Public Administration / Administration Publique Du Canada. *Administration Publique Du Canada*, 549 -568.
McMinn, W. (1994). *Nationalism and Federalism in AustraliaThe Future of Australian Federalism: comparative and interdisciplinaryperspectives*. Cambridge: Cambridge University Press.
McMinn, W. (2012). *Nationalism and Federalism in Australia [Nacionalismo e federalismo na Austrália]*. Londres: Francis Co.
Nauze, J. A. (1972). *The Making of the Australian Constitution*. Austrália: Melbourne University Press.
Patrick Malcolmson, R. M. (2012). *O regime canadiano: Uma introdução ao governo não parlamentar no Canadá*. Toronto, Canadá: University of Toronto Press.
Phillimore, J. (2013). Compreender as relações intergovernamentais: caraterísticas e tendências fundamentais. *Australian Journal of Public Administration*, 72:3.
Pike, C. A., & Christopher McCreery Chains. (2011). *Símbolos canadianos de autoridade: Maces, and Rods of Office*. Maces: Símbolos canadianos de autoridade.
Prince, F. A. (2009). *Four Pathways to Aboriginal Self-Government in Canada [Quatro Caminhos para o Autogoverno Aborígene no Canadá]*. Nova Iorque: Taylor and Francis Publishers.
Raoul Joseph Blinden bacher, A. K. (2002). *Federalism in a Changing World: Learning from Each*

Other: Scientific Background. Montreal: McGill-Queen's University Press,.

Rona Ambrose, Donald G. Lenihan, & John Milloy. (2006). *Managing the Federation^ Citizen-Centred Approach (Gerir a Federação^ Abordagem Centrada no Cidadão).* Ottawa: O Conselho Nacional para o Estabelecimento de Fronteiras.

Singleton. (2013). *Australian Political Institution.* Austrália: Singleton, Aitkin, Jinks, Warhurst.

Simeão, R. (1995). *The SAGE Handbook of Political Geography.* Londres: G.E.Smith Publishers Ltd.

Smith, D. E. (2003). *The Canadian Senate in Bicameral Perspective (O Senado Canadiano em Perspetiva Bicameral).* Toronto: Universidade de Toronto.

Smith, D. E. (2013). *Across the Aisle: Opposition in Canadian Politics.* Toronto: University offoronto Press.

Smith, J. (2011). *Federalism: Canadian Democratic Audit Series.* Canadá: University of British Columbia Press.

Stanford. (2014, Mar 04). *Federalism.* Recuperado de Stanford Encyclopedia of Philosophy: http: //plato. Stanford, edu/ entries/federalism

Steytler, N. (2009). *Local Government and Metropolitan Regions in Federal Systems.* Canadá: University Press, Montreal.

Sturgess, G. (1991). O progresso em direção à racionalização da Commonwealth/estado. *Gary Sturgess, 'The progress towards CommonwealRoyal Australian Institute of Public Administration National Newsletter,* 12-50.

Swenden, J. E. (2010). *New Diretions in Federalism Studies.* Nova Iorque, EUA: Routledge Publishers.

Thomas. (1982). *Nation without a Constitution.* Canada.

Thomas O. Hueglin, A. F. (2006). *Comparative Federalism: A Systematic Inquiry.* Toronto: University of Toronto Press.

Turgeon, R. S. (2006). *FEDERALISMO, NACIONALISMO E REGIONALISMO NO CANADÁ.* Toronto, Canadá: University of Toronto Press.

Ugo M. Amoretti, N. G. (2004). *Federalism and Territorial Cleavages (Federalismo e clivagens territoriais).* Maryland, EUA: The John Hopkin University Press.

Ward, A. J. ((2014)). *Parliamentary Government in Australia (Governo Parlamentar na Austrália).* Australia: Anthem Press.

Wilkins. (2004). *Federalism and Regionalism in Australia (Federalismo e Regionalismo na Austrália).* Sydney, Austrália: Australian National University Press.

Wilkins, R. (2004). *Federalismo: Distance and Devolution.* Melbourne: Review of Commonwealth-State Funding.

Withers, A. T. (2007). *O futuro federal da Austrália: Delivering Growth and Prosperity.* Sydney, Austrália: University of Sydney Press.

I want morebooks!

Buy your books fast and straightforward online - at one of world's fastest growing online book stores! Environmentally sound due to Print-on-Demand technologies.

Buy your books online at
www.morebooks.shop

Compre os seus livros mais rápido e diretamente na internet, em uma das livrarias on-line com o maior crescimento no mundo! Produção que protege o meio ambiente através das tecnologias de impressão sob demanda.

Compre os seus livros on-line em
www.morebooks.shop

info@omniscriptum.com
www.omniscriptum.com

Milton Keynes UK
Ingram Content Group UK Ltd.
UKHW030849151124
451262UK00001B/308